# Je cuisine les fleurs
### 50 recettes inattendues

Depuis 1979, Terre vivante vous fait partager ses expériences en matière d'écologie pratique : jardinage bio, habitat écologique, alimentation saine et bien-être, consommation responsable… à travers :

> l'édition de livres pratiques ;
> le magazine *Les 4 Saisons du jardin bio* ;
> des jardins écologiques, proposant des stages pratiques ;
> un portail Internet, www.terrevivante.org.

 **Livre éco-conçu**

Terre vivante a réalisé en 2010 la première analyse du cycle de vie (ACV) d'un livre en France. Cette étude nous a permis d'identifier les impacts de la fabrication d'un livre sur l'environnement, dans l'objectif de les limiter.
*Fabriquer des livres, quels impacts sur l'environnement ?* sur www.terrevivante.org

Le papier choisi pour cet ouvrage est issu de pâte vierge produite écologiquement en Europe à partir de forêts gérées durablement. Il ne provient pas de pâte à papier fabriquée aux quatre coins du monde !
Ce livre est de plus imprimé en France, par un imprimeur soucieux de préserver l'environnement à travers des actions d'économies d'énergie, de valorisation des déchets, d'utilisation de produits moins nocifs pour la santé des travailleurs…

Le catalogue des ouvrages publiés par **Terre vivante** est disponible sur simple demande et sur Internet.

**Terre vivante**,
domaine de Raud, 38710 Mens.
Tél. : 04 76 34 80 80.
Fax : 04 76 34 84 02.
Email : info@terrevivante.org
**www.terrevivante.org**

**Remerciements**

Franck et Marie, Nathalie, Agnès Curti (à Trébeurden), Marie-Neige et Lucas, Martine sur la Côte de Granit Rose, Fanny du *Jardin des Simples*, Mélanie et Cédric, Juli About (céramiques), Julie, Matthieu et La Ruche, Marie-Claire Frédérique pour ses conseils sur la lactofermentation, Franck et Thierry des *Jardins solidaires et pluriels Vent d'Ouest*, Delphine, Laurent et Emmmanuelle Pommetan, Alice Lothon (céramiques), la vaisselle Ekobo, les sirops Meneau

Conception graphique : CrumbleShop
Réalisation de la couverture : Véronique Lefebvre
Coordination éditoriale et mise en pages : Fabienne Hélou
Photogravure : C'limage

ISBN 978-2-36098-201-1
ISSN : 2108-9515

© Terre vivante, Mens, France, avril 2016
Tous droits de traduction, de reproduction et d'adaptation par tous les moyens, tant actuels que futurs, strictement réservés pour tous pays.

# Je cuisine les fleurs

### 50 recettes inattendues

Amandine Geers & Olivier Degorce

Sommaire

**INTRODUCTION** ...................................................... 7

### 1. ENTRÉES ET ENCAS

Billes de fromage aux noix et au pissenlit ............. 20
Sauce douce aux soucis .................................... 22
Raïta à la courgette .......................................... 24
Œufs mimosas à la cardamine ............................ 26
Toasts de truite fumée et ornithogales .................. 28
Asperges blanches au lilas ................................. 30
Bourgeons d'hémérocalles à la japonaise ............. 32
Fromage vegan au tournesol et au bleuet ............ 34

### 2. SALADES ET SOUPES

Consommé de betterave au vin blanc
 et sureau ..................................................... 38
Bouillon miso aux champignons et
 à l'ail des ours .............................................. 40
Soupe de boulettes aux boutons d'ail des ours ... 42
Gaspacho à la capucine .................................... 44
Salade de laitue de mer à l'ail à trois angles ........ 46
Salade acidulée aux fleurs de glycine .................. 48
Salade de melon aux fleurs d'hémérocalles ........ 50
Carpaccio de champignons à la moutarde ........... 52
Taboulé printanier aux ornithogales .................... 54
Salade de navets aux pâquerettes ...................... 56
Salade de la chance 100 % sauvage ................... 58

### 3. LÉGUMES ET PLATS

Risotto aux fleurs de capucines
 et de courgettes ............................................ 62
Spaghettis en duo aux fleurs de courgettes ........ 64
Cocotte de moules à l'immortelle ........................ 66
Curry de légumes onctueux à l'immortelle ........... 68
Rôti de porc aux pêches et à la lavande ............. 70
Légumes farcis au tofu mariné à la lavande ........ 72
Endives braisées au kasha et à la moutarde ........ 74
Quiche de saumon aux pâquerettes .................... 76
Maquereaux et purée de pois aux violettes ......... 78

### 4. DESSERTS

Beignets de fleurs de glycine
 à la bière blanche .......................................... 82
Gelée de lait au lilas ......................................... 84
Soupe glacée aux pommes et au coucou ........... 86
Riz au lait aux primevères .................................. 88
Brioche royale aux figues et à la reine-des-prés . 90
Omelette aux fraises et fleurs d'acacia ................ 92
Crème aux œufs aux fleurs d'acacia ................... 94
Pain perdu à la rose .......................................... 96
Perles du Japon à la rose ................................... 98
Clafoutis aux roses trémières ............................. 100
Mousse au chocolat *flower power* ................... 102
Fromage blanc au sureau et au miel .................. 104
Aspic de trèfle .................................................. 106
Entremets avocat, goji et violette ........................ 108

### 5. BOISSONS ET PETITES CHOSES

Sirop de coquelicot ........................................... 110
Jus vert aux plantes et fleurs sauvages ............... 114
Beurre de bleuet ............................................... 116
Petits pots de crème cajou à la cardamine ......... 118
Boutons de pissenlits lactofermentés .................. 120
Limonade à la reine-des-prés ............................. 122
Glaçons fleuris .................................................. 124

### ANNEXES

Bibliographie .................................................... 128
Carnet d'adresses ............................................. 128
Index ............................................................... 129

INTRODUCTION

Les fleurs composent de magnifiques salades.

# Introduction

Les fleurs offrent de multiples possibilités en cuisine. Ce livre vous propose de nombreuses pistes pour vous approvisionner dans la nature ou dans votre jardin, pour cuisiner les fleurs, mais également pour les conserver afin d'en profiter tout au long de l'année.

On peut bien sûr commencer en ajoutant simplement les fleurs fraîches aux salades de légumes ou de fruits. Mais l'on peut également les faire sauter en fin de cuisson avec des légumes, les utiliser pour distiller leur parfum à des sauces, des soupes, des desserts ou des boissons, enrober des préparations de pétales décoratives ou encore les lier à des farces, des tartes ou des plats mijotés. Vous découvrirez peut-être qu'il n'est pas toujours nécessaire d'attendre l'éclosion de la fleur : certaines, consommées à l'état de bourgeons, sont de véritables petits « légumes ».

## ✻ Quelles parties de la plante consommer ?

Certaines plantes peuvent être consommées sans problème dans leur totalité (feuilles et fleurs), alors que, pour d'autres, seule la fleur est comestible.

### Feuilles et fleurs

Ainsi, pour la capucine, la mauve, le pissenlit, la primevère, la pâquerette, le trèfle, la violette, n'hésitez pas à récolter également les feuilles que vous pourrez intégrer à vos recettes tout comme vous le feriez d'un légume feuille.

C'est aussi le cas d'autres fleurs que nous n'avons pas pu aborder dans ce livre : les bégonia, géranium, œillet d'Inde, sauge sclarée... Les feuilles de ces plantes peuvent constituer soit un légume à part entière, soit un aromate.

### Fleurs

Quant aux plantes dont les feuilles ne sont pas comestibles, citons la lavande, le lilas ou les pensées que vous découvrirez au fil de ces pages, ainsi que la camomille, le chèvrefeuille, l'hibiscus, le gardénia, la jacinthe ou encore le tilleul. Ici, on se cantonnera à la récolte des fleurs.

### Boutons floraux

On se régale des boutons floraux avant éclosion de l'ail sauvage, de l'ornithogale des Pyrénées, des pissenlits, des mauves, des hémérocalles ou encore des pâquerettes. À ce stade, on peut les conserver grâce au procédé de lactofermentation. On obtient alors des sortes de câpres à ajouter aux salades.

### Le cas particulier de l'immortelle

Quant à l'immortelle, on ne consomme ni ses fleurs ni ses feuilles. On l'utilise simplement pour parfumer les plats. On l'ajoute donc comme un bouquet garni dans un plat où elle diffusera son parfum de curry, puis on la retirera avant de servir.

## ✻ Toutes les fleurs d'un seul coup d'œil

| Fleur | Saveur | Parties comestibles | Période de récolte |
|---|---|---|---|
| **Ail à trois angles** *(zoom p. 46)* | Parfum et saveur d'ail | Fleurs Boutons Tiges | Février à mai |
| **Ail des ours** *(zoom p. 40)* | Parfum et saveur d'ail | Fleurs Boutons Feuilles | Mars à juin |
| **Bleuet / Centaurée** *(zoom p. 116)* | Légère | Pétales | Juin à septembre |
| **Capucine** *(zoom p. 44)* | Forte et poivrée, goût piquant | Fleurs Feuilles | Juin à octobre |
| **Cardamine des prés** *(zoom p. 26)* | Légèrement piquante, avec l'amertume du cresson et une note d'amande | Fleurs Boutons | Février à mai |
| **Coquelicot** *(zoom p. 112)* | Douce | Pétales Feuilles | Mai à septembre |
| **Courgette** *(zoom p. 64)* | Légèrement sucrée, goût discret de la courgette | Fleurs Fruits | Juin à septembre |
| **Glycine** *(zoom p. 48)* | Assez forte, légèrement sucrée | Fleurs | Avril à juin |
| **Hémérocalle** *(zoom p. 50)* | Un peu piquante | Bulbe Jeunes pousses, bourgeons Fleurs | Mai à novembre |
| **Immortelle** *(zoom p. 68)* | Parfum de curry ou de safran | Ne se mange pas ! | Juillet à sept |
| **Lavande** *(zoom p. 70)* | Délivre son parfum typique en infusion | Fleurs | Juin à août |
| **Lilas** *(zoom p. 30)* | Florale et entêtante | Fleurs | Avril à mai |

Je cuisine les fleurs

| Fleur | Saveur | Parties comestibles | Période de récolte |
|---|---|---|---|
| **Moutarde noire** *(zoom p. 74)* | Légèrement poivré, odeur de chou | Fleurs Feuilles | Mars à octobre |
| **Ornithogale des Pyrénées** *(zoom p. 28)* | Douce d'asperge ou petit pois | Pointes (tiges) Boutons | Mai à juin |
| **Pâquerette vivace** *(zoom p. 76)* | Légère, petit goût de chrysanthème | Fleurs Pétales Feuilles | Mars à octobre |
| **Pissenlit** *(zoom p. 120)* | Sucrée et amère | Pétales Boutons feuilles | Février à juin |
| **Primevère / Coucou** *(zoom p. 86)* | Très sucrée, suave, délicate | Fleurs Feuilles | Février à juin |
| **Reine-des-prés** *(zoom p. 122)* | Légèrement anisée et sucrée, rappelant l'amande | Fleurs | Juin à août |
| **Robinier faux acacia** *(zoom p. 92)* | Douce et fine, parfum floral et délicat | Fleurs | Mai à juin |
| **Rose** *(zoom p. 96)* | Florale, variable selon les espèces | Pétales | Mai à octobre |
| **Rose trémière** *(zoom p. 100)* | Douce | Pétales Feuilles | Juin à septembre |
| **Souci** *(zoom p. 22)* | Légèrement sucrée, un peu amère | Pétales Feuilles | Mai à octobre |
| **Sureau** *(zoom p. 104)* | Florale, sucrée, parfum entêtant | Fleurs | Mai à juin |
| **Trèfle rouge ou trèfle des prés** *(zoom p. 106)* | Légèrement sucrée du fait de son nectar | Fleurs | Mai à octobre |
| **Violette odorante** *(zoom p. 78)* | Florale et douce | Fleurs Feuilles | Février à mai |

INTRODUCTION

Pré de pissenlits.

## ✻ Cueillir les fleurs

### Avant tout, apprendre à les identifier

Avant de récolter, apprenez à identifier les fleurs et les plantes toxiques. Certaines fleurs sont dangereuses, voire mortelles, même en quantité infime. Il se peut qu'elles agrémentent votre jardin, donc soyez vigilants, en particulier avec les enfants qui peuvent prendre plaisir à cueillir et croquer les fleurs sans distinction dès lors que l'on commence à les initier. Vérifiez toujours la comestibilité d'une plante, car un délicieux parfum ou une belle allure peuvent être trompeurs.

#### Liste des plantes dangereuses

Digitale pourpre, digitale à grandes fleurs, laurier rose, cytise arbour, muguet, vératre blanc, aconit napel sont des fleurs très dangereuses, voire mortelles.
**D'autres belles empoisonneuses :**
ancolie, pied d'alouette, anémone, giroflée, fritillaire, aconit tue-loup, genêt d'Espagne, rhododendron, hellébore, arum, belladone, bryone, chélidoine, chèvrefeuille des haies, clématite des haies, cyclamens, iris des marais, muflier, nielle des blés, perce-neige, œnanthe safrané, renoncule (bouton d'or), jonquilles...

La fleur est l'organe de la plante qui permet d'affiner ou de conclure à son identification. Cependant, afin de mener une enquête complète, tous les critères sont à prendre en compte. Son environnement d'abord : terrain sec ou humide, prairie ou sous-bois, bords de champs ou décombres... On observera son port : la plante pousse-t-elle en groupe ou isolément ? Est-elle rampante ou grimpante ? Est-ce un arbre, un arbrisseau ou un arbuste ? Au fil de ces observations et avec un guide détaillé, l'identification se précise. On observe aussi avec attention son feuillage. Comment les feuilles sont-elles disposées sur la tige (alternées, opposées...) ? Sont-elles simples ou composées en foliole ? Leur forme, leur couleur, leur texture sont autant d'indices qui, une fois réunis, permettront d'aboutir à l'identification.

Donc, aiguisez votre sens de l'observation, consultez plusieurs guides, surfez sur Internet, postez questions et photos sur les forums ou participez à des stages. Vous allez sans doute prendre goût à ces recherches indispensables et passionnantes.

### Le lieu de cueillette

Les meilleurs endroits de récolte sont les jardins naturels qui n'ont subi aucun traitement chimique, la montagne, les sous-bois et les chemins sauvages.

Bien sûr, comme pour toute cueillette sauvage, il est important de choisir un lieu éloigné des pollutions (champs traités, bords des routes...).

Enfin, n'utilisez jamais les fleurs de fleuristes, même en décoration dans vos plats ! Elles reçoivent d'importants traitements et trempent dans des jus de conservation impropres à la consommation.

Outre les fleurs de vos jardins, certains légumes donnent des fleurs aux saveurs intéressantes.

Laissez donc monter à graines quelques légumes comme les oignons, la ciboulette, le fenouil, le poireau. Ils vous offriront de belles inflorescences qui offriront de bonnes saveurs à vos plats. Les fleurs de ciboulette par exemple apporteront la saveur douce de l'oignon ou de l'ail. On prolonge ainsi la saison des récoltes jusqu'en septembre ou octobre. Le fenouil des jardins se récolte en fleurs ou en graines encore vertes et apporte un délicieux parfum anisé. Le poireau, quant à lui, est très généreux : il fleurit en un énorme pompon empli de minuscules fleurs qui s'égrainent dans les salades.

INTRODUCTION

Bouquet de cardamime.

Abondance au printemps.

Récolte de primevères.

12
Je cuisine les fleurs

## Récolter au bon moment

On privilégiera les fleurs à peine écloses pour garantir une meilleure conservation. Comme nous l'avons vu, certaines se récoltent et se cuisinent avant éclosion, au stade de boutons (ail des ours, hémérocalles).

Idéalement, on évitera de récolter en plein soleil afin de préserver les parfums volatiles et fragiles des fleurs. Si l'on récolte après une averse, les fleurs seront mouillées et risquent de moins bien se conserver. En réalité, tout dépend des types de fleurs et de l'utilisation que l'on souhaite en faire. Si vous souhaitez les faire sécher ou les conserver plusieurs jours, mieux vaut éviter l'humidité, alors que si vous souhaitez les consommer immédiatement, l'humidité ne posera pas de réel problème.

## L'équipement de base

Si vous récoltez au cours d'une promenade, des petits sachets en papier ou de petites boîtes alimentaires tapissées de papier absorbant permettent de stocker les fleurs sans les détériorer pendant leur transport.

Une petite paire de ciseaux peut être utile pour les fleurs en grappe comme le sureau ou le robinier faux-acacia, ou simplement pour ne pas endommager le reste de la plante au moment de la récolte des fleurs (risque de déraciner la plante entière). Certaines fleurs se récoltent délicatement du bout des doigts ou se coupent facilement d'un pincement d'ongle : bourrache, bouton d'ail sauvage, violette…

## Des fleurs à préserver

Certaines fleurs ou plantes nous tentent beaucoup par leur esthétique et leurs parfums, mais elles peuvent être rares dans le milieu, il convient donc de ne pas les cueillir pour préserver leur espèce et leur repousse d'une année sur l'autre. D'autres sont protégées et il est formellement interdit de les cueillir[1].

## ✽ Acheter des fleurs

### Fleurs fraîches

Sur certains marchés ou épiceries fines, on trouve parfois des fleurs fraîches en barquette à des prix souvent exorbitants, et finalement jamais aussi fraîches que les fleurs que vous pourrez glaner lors de vos cueillettes. Nous vous conseillons de ne pas vous ruiner et d'attendre de vous retrouver dans un lieu favorable pour les récolter gratuitement.

### Fleurs séchées

Nombre d'entre elles ayant des propriétés médicinales, vous trouverez facilement vos fleurs séchées en herboristerie. Généralement, le choix est important en magasins bio au rayon des tisanes. Il existe aussi des mélanges spécialement conçus pour la cuisine destinés à être saupoudrés directement dans les assiettes.

### Sirops de fleurs

Vous pourrez réaliser vos propres sirops si le cœur vous en dit, mais l'on trouve d'excellents sirops à base de fleurs en production biologique. Lavande, rose, violette, ils vous permettent tout à la fois de sucrer et de parfumer vos yaourts, gâteaux moelleux, ou même d'apporter une note sucrée à certains plats salés.

---

1. Voir www.tela-botanica.org

Bleuet séché.

### Et les huiles essentielles ?

Nous avons pris le parti de privilégier les fleurs fraîches dans cet ouvrage, mais les huiles essentielles peuvent s'avérer utiles et même parfois indispensables pour le concentré de parfum qu'elles distillent. Certaines huiles comme ylang-ylang *(Cananga odorata)*, frangipanier *(Citrus aurantium ssp amara)* ou géranium Rosa *(Pelargonium graveolens)* nous permettent d'apprécier les volutes de fleurs « exotiques ».
On peut les ajouter à raison de quelques gouttes dans des sorbets, des crèmes aux œufs, des mousses au chocolat, des compotes de fruits. On utilise toujours les huiles essentielles avec précaution.

## ✴ Comment conserver les fleurs ?

### Les fleurs fraîches

La plupart des fleurs fraîches se conservent très bien dans des boîtes alimentaires tapissées de papier absorbant ou d'un torchon fin. Si les fleurs sont légèrement humides, le papier absorbe l'humidité excessive et permet de les garder plusieurs jours au réfrigérateur. Si les fleurs sont sèches, il est nécessaire d'humidifier légèrement le papier ou le torchon. Bien sûr, on peut également mettre les fleurs dans des vases, mais la conservation est finalement plus aléatoire.

Vérifiez la fraîcheur de la fleur avant de la consommer et jetez toutes celles qui vous paraissent ramollies, brunies ou fanées.

### Faut-il laver les fleurs ?

La plupart des fleurs doivent être lavées avant utilisation.

Dans un premier temps, après la cueillette, étaler les fleurs sur le plan de travail permet aux insectes de sortir tout seuls.

Secouez très légèrement les fleurs ou grappes de fleurs permet de se débarrasser d'un maximum de poussières.

Ensuite, on peut laisser flotter les fleurs dans l'eau quelques instants et remuer délicatement. Puis on égoutte sur un papier absorbant.

Quelques petites fleurs très fragiles et dont le pollen est très volatile vont souffrir de cette étape. Il s'agit du sureau et de la reine-des-prés. Dans ce cas, on évite de les secouer et de les tremper dans l'eau.

### Faire sécher ses récoltes

La plupart des fleurs peuvent être séchées et conservées dans des sachets opaques (ail des ours, bleuet, bourrache, cardamine des prés, ciboulette, fenouil, immortelle, lavande, pissenlit, reine-des-prés, soucis, sureau).

Pour cela, récoltez-les par temps sec. Ne les passez pas sous l'eau, mais secouez-les délicatement pour les débarrasser des poussières et insectes. Étalez-les sur un plateau ou un tissu, couvrez-les pour les protéger des poussières et de la lumière directe, entreposez dans un endroit aéré, vérifiez de temps en temps, secouez éventuellement un peu le tout, et attendez patiemment.

Des fleurs comme l'immortelle ou la lavande décuplent leur parfum au séchage. On peut les faire sécher en bouquet la tête en bas.

L'immortelle et la lavande sont plus parfumées une fois séchées.

Lilas.

## Réaliser des sirops de fleurs

Les sirops permettent de capter et conserver les parfums de certaines fleurs particulièrement odorantes (rose, lavande, lilas, violette), mais demandent d'assez grosses récoltes et une importante quantité de sucre. Vous pourrez utiliser ces sirops pour parfumer vos desserts, yaourts ou boissons.

### Recette de sirop de lilas allégé en sucre

- 1 bol de fleurs de lilas sans feuilles et sans tiges
- 400 g de sucre
- 1 litre d'eau

Rincez et égouttez les fleurs. Faites chauffer l'eau. Hors du feu, ajoutez les fleurs, couvrez et laissez infuser jusqu'à refroidissement. Ajoutez le sucre, faites bouillir légèrement pendant 10 minutes. Mettez en bouteille et attendez le refroidissement avant votre première dégustation. Ce sirop se conserve 1 mois environ.

Pour un sirop plus sucré qui se conservera plus longtemps à température ambiante, triplez les proportions de sucre.

## Des sucres aromatisés

Le sucre en poudre ou les édulcorants liquides comme le miel ou le sirop d'agave peuvent être parfumés grâce aux fleurs. Dans le cas des sucres en poudre ou cristallisés, on utilisera plutôt des fleurs préalablement séchées : lavande, mimosa, bleuets, reine-des-prés, soucis. On obtient des sucres très décoratifs.

Dans le cas des édulcorants liquides, on procède par infusion. On laisse infuser des fleurs odorantes fraîches (préalablement lavées et séchées) pendant 2 semaines au moins, puis on filtre. Pensez à la lavande, le lilas, l'acacia, la reine-des-prés, la violette.

# Entrées et encas

- Billes de fromage aux noix et au pissenlit
- Sauce douce aux soucis
- Raïta à la courgette
- Œufs mimosas à la cardamine
- Toasts de truite fumée et ornithogales
- Asperges blanches au lilas
- Bourgeons d'hémérocalles à la japonaise
- Fromage vegan au tournesol et au bleuet

ENTRÉES

# Billes de fromage aux noix et au pissenlit

Les jeunes feuilles du pissenlit, bien connues des amateurs de plantes sauvages comestibles, sonnent l'arrivée du printemps. Plus tard, leurs fleurs ensoleillent nos plats estivaux. On en consomme les boutons floraux, puis les pétales flamboyants agrémentent les salades ou, comme ici, décorent ces billes de fromages à servir à l'apéritif ou à ajouter à une assiette complète.

**Pour 2 personnes :**
* 5 fleurs de pissenlit
* 1 fromage de chèvre frais
* 5 à 8 noix fraîches

**Préparation : 10 minutes**

**Cuisson : aucune**

▶ Lavez les fleurs et séchez-les. Détachez les pétales (ou plutôt les fleurs tubulaires).

▶ Ouvrez les noix. Rincez-les, séchez-les avant de les hacher grossièrement.

▶ Dans un bol, mélangez le fromage en pommade et les noix écrasées.

▶ Formez des boulettes dans la paume de la main. Roulez-les dans les fleurs afin de les enrober.

▶ Placez au frais jusqu'au moment de servir.

### Pourquoi rincer les noix ?

Les noix peuvent favoriser l'apparition d'aphtes. Les personnes sensibles à ce type d'affections (bénignes, mais désagréables) auront intérêt à laver soigneusement tout fruit sec afin de limiter leur survenue.

*Découvrez le zoom sur le pissenlit et la recette des Boutons de pissenlit lactofermentés, page 120.*

ENTRÉES

# Sauce douce aux soucis

Cette sauce douce cache bien son jeu. C'est en réalité une petite bombe d'antioxydants. Les caroténoïdes présents dans les soucis, le curcuma et les carottes à tremper sont boostés par le poivre et ne vous veulent que du bien. Une petite recette à proposer aux enfants comme aux adultes.

### Pour 1 grand bol :
* 6 fleurs fraîches de soucis
* 250 g de tofu nature (ou tofu au curry)
* 5 c. à soupe d'huile d'olive
* Le jus d'un citron
* 1 c. à café rase de curcuma en poudre
* 1 pincée de poivre et de sel
* En accompagnement : bâtonnets de carotte ou autres crudités

### Préparation : 5 minutes
### Cuisson : aucune

▶ Lavez les fleurs et prélevez tous les pétales.

▶ Mixez intimement l'ensemble des ingrédients dans un robot pour obtenir une consistance bien crémeuse.

▶ Servez dans un petit bol pour y tremper des bâtonnets de carottes.

▶ Utilisez aussi cette sauce douce pour garnir des sandwichs ou accompagner une assiette de crudités.

### Zoom sur... le souci *(Calendula officinalis)*
Plante à fleurs que l'on trouve dans presque toute la France, dans les jardins et aux bords des chemins (quoique de plus en plus rare à l'état sauvage).
**Floraison :** de mai à octobre.
**Symbolique :** chagrin, peine, désespoir, inquiétude.
**Saveur :** légèrement sucrée, un peu amère.
**Vertus :** antiseptique et antifongique.
**En cuisine :** salades, omelettes, soupes, légumes, sauces. Les fleurs colorent l'eau de cuisson et les aliments.

Découvrez aussi la recette de Mousse au chocolat *flower power*, page 102.

Entrées et encas  23

**ENTRÉES**

# Raïta
# à la courgette

Dans cette variante du raïta, on remplace le concombre par la courgette crue. Les fleurs hachées sont utilisées comme des herbes aromatiques. À déguster frais, en entrée, ou en accompagnement d'une céréale ou d'une tarte.

**Pour 2 à 3 personnes :**
* 2 petites courgettes avec leur fleur
* 400 g de fromage blanc
* 3 c. à soupe d'huile d'olive
* 1 c. à soupe de ciboulette
* Sel et poivre

**Préparation : 10 minutes**

**Cuisson : aucune**

◗ Lavez les fleurs, les courgettes et la ciboulette.

◗ Hachez la ciboulette et les fleurs de courgettes.

◗ Dans un bol, assaisonnez le fromage blanc avec l'huile d'olive, le sel et le poivre.

◗ Au dernier moment, râpez la courgette pas trop finement pour éviter qu'elle ne rende trop d'eau.

◗ Associez le fromage et la courgette. Saupoudrez de fleurs et de ciboulette.

*Découvrez aussi le zoom sur la courgette, page 64, et la recette de Risotto aux fleurs de capucines et de courgettes, page 62.*

Je cuisine les fleurs

ENTRÉES

# Œufs mimosas à la cardamine

La saveur de cette jolie fleur des prés humides est assez caractéristique de la famille des Brassicacées (chou, radis...). Son surnom de cressonnette évoque un goût piquant et soufré. On l'utilise non seulement comme fleur décorative, mais également comme plante aromatique.

**Pour 2 personnes :**
* 10 brins de cardamine des prés
* 3 œufs + 1 œuf
* 80 ml d'huile d'olive ou de tournesol
* Sel

**Préparation : 20 minutes**

**Cuisson : 10 minutes**

### Zoom sur... la cardamine des prés (*Cardamine pratensis*)

Plante à fleurs que l'on trouve dans presque toute la France, dans les zones humides.
**Floraison :** de mars à mai.
**Saveur :** légèrement piquante, avec l'amertume du cresson et une note d'amande.
**Vertus :** digestive, apport de fer et de minéraux.
**En cuisine :** aromatique et décorative. À ajouter crue aux salades, dans une soupe au moment de la mixer.

▶ Passez les fleurs sous l'eau. Égouttez sur du papier absorbant, puis détachez les petites fleurs. Jetez la tige.

▶ Plongez les œufs dans une casserole d'eau bouillante et comptez environ 10 minutes de cuisson pour des œufs durs. Passez les œufs sous l'eau. Laissez-les refroidir, puis écalez-les.

▶ Coupez les œufs en deux et ôtez les jaunes. Réservez-les dans un bol au frais.

▶ Préparez une mayonnaise : déposez le jaune d'œuf dans un bol. Salez. Ajoutez l'huile progressivement tout en mélangeant régulièrement et constamment au fouet.

▶ Écrasez les jaunes durs à la fourchette et incorporez la mayonnaise puis les trois quarts des fleurs.

▶ Garnissez les demi-blancs avec cette préparation. Conservez au frais.

▶ Servez en parsemant des fleurs restantes.

*Découvrez aussi la recette des Petits pots de crème de cajou à la cardamine, page 118.*

Entrées et encas

ENTRÉES

# Toasts de truite fumée et ornithogales

De petits toasts pour l'apéritif, à préparer en un clin d'œil et à décliner en club-sandwich. Onctuosité de la crème, moelleux du pain et croquant des pousses d'ornithogales justes ébouillantées : délice garanti.

### Pour 3 à 4 personnes :
* Une quinzaine de pointes d'ornithogales
* Environ 8 tranches de pain
* 2 tranches de truite fumée
* 3 c. à café de crème épaisse
* Quelques brins de ciboulette
* Sel et poivre au moulin

### Préparation : 10 minutes
### Cuisson : 2 minutes

▶ Ébouillantez les pointes d'ornithogales dans l'eau frémissante pendant 2 minutes.

▶ Salez et poivrez la crème. Ajoutez la ciboulette émincée.

▶ Coupez le pain en toasts. Si vous souhaitez le faire griller, faites-le avant de le couper.

▶ Coupez les tranches de truite en morceaux.

▶ Déposez une noix de crème sur le toast, ajoutez de la truite, puis la pointe d'ornithogale. Saupoudrez de ciboulette ciselée.

### Zoom sur... l'ornithogale des Pyrénées *(Loncomelos pyrenaicus)*

Plante que l'on trouve dans toute la France, dans les prairies, les talus, les bois clairs.
**Floraison :** d'avril à mai selon les latitudes (saison d'environ 15 jours pour récolter les boutons sortant de terre).
**Saveur** douce d'asperge ou de petit pois.
**Vertus :** léger effet diurétique.
**En cuisine :** consommées comme des asperges, trempées dans une sauce, ou bien dans une quiche ou une salade.
Ne confondons pas avec la véritable asperge sauvage, également comestible *(Asparagus acutifolius)*. Attention, la plante est interdite à la cueillette dans certaines régions.

*Découvrez aussi la recette du Taboulé printanier aux ornithogales, page 54.*

Entrées et encas

ENTRÉES

# Asperges blanches au lilas

Profitons de la courte saison des asperges et du lilas pour les associer dans cette recette qui envoûtera vos convives par sa poésie et sa délicatesse.

**Pour 2 à 3 personnes :**
* 12 asperges blanches

**Pour la sauce :**
* 2 c. à soupe de fleurs de lilas
* 1 yaourt brassé nature
* 3 c. à soupe d'huile d'olive
* Sel et poivre

**Temps de préparation : 15 minutes**

**Temps de cuisson : 10 minutes**

### Zoom sur... le lilas *(Syringa vulgaris)*

Arbuste des jardins.
**Floraison :** avril-mai.
**Symbolique :** premiers émois de l'amour, tendre émotion, amitié de rêve.
**Saveur :** les fleurs fraîches de lilas sont très parfumées. En infusion, leur parfum se révèle délicat.
**Vertus :** un macérat huileux de lilas peut être utile contre les rhumatismes.
**En cuisine :** en infusion dans du lait pour des crèmes desserts ou des glaces, ou simplement dans l'eau pour des boissons rafraîchissantes. Très décoratif. Parfume délicatement les salades de fruits.

▶ Épluchez soigneusement les asperges et coupez les talons.

▶ Faites chauffer une grande quantité d'eau salée dans une casserole.

▶ Plongez les asperges dans l'eau bouillante et comptez 5 à 8 minutes de cuisson. Piquez la plus grosse asperge avec la pointe d'un couteau pour vérifier la cuisson.

▶ Retirez les asperges délicatement avec une écumoire et égouttez-les dans un plat à asperge ou sur du papier absorbant. Laissez-les refroidir.

▶ Préparez la sauce : lavez les fleurs, égouttez-les et détachez soigneusement les corolles. Mélangez tous les ingrédients de la sauce.

▶ Servez les asperges avec cette sauce fleurie.

**Découvrez aussi la recette de Gelée de lait au lilas, page 84.**

Entrées et encas  31

**ENTRÉES**

# Bourgeons d'hémérocalles à la japonaise

Les hémérocalles sont cultivées au Japon pour la consommation humaine. Tout se mange dans cette magnifique plante au port altier : bulbe, jeunes pousses, bourgeons, fleurs épanouies… Elle est ici cuisinée avec une réduction de miel et de sauce soja, comme un clin d'œil au Japon.

**Pour 2 personnes :**
- 15 bourgeons d'hémérocalles
- 2 c. à soupe d'huile d'olive ou de sésame
- 1 c. à soupe de sauce soja
- 1 c. à soupe de miel
- 1 c. à café de graines de sésame
- Quelques inflorescences de fenouil sauvage avant éclosion (facultatif)

**Préparation : 5 minutes**

**Cuisson : 10 minutes**

▶ Faites griller les graines de sésame à sec dans une poêle pendant quelques secondes à feu vif. Réservez.

▶ Lavez les bourgeons d'hémérocalles à l'eau.

▶ Faites-les cuire dans une poêle avec quelques cuillerées d'eau pendant 8 minutes environ. Réservez dans les assiettes. Conservez le jus restant dans la poêle.

▶ Mélangez la sauce soja, l'huile et le miel, puis faites-les réduire rapidement dans la poêle à feu vif.

▶ Saupoudrez les graines de sésame dans les assiettes. Arrosez de sauce et ajoutez les inflorescences de fenouil.

▶ Servez aussitôt.

*Découvrez aussi le zoom sur l'hémérocalle et la recette de Salade de melon aux fleurs d'hémérocalles, page 50.*

ENTRÉES

# Fromage vegan au tournesol et au bleuet

Si le bleuet ne diffuse pas un parfum fleuri, mais plutôt herbacé, ses pétales d'un bleu franc sont particulièrement décoratifs. On leur accorde également de puissantes vertus antioxydantes.

**Pour 1 petit « fromage » :**
* Les pétales de 3 bleuets (ou centaurées) séchés ou frais
* 100 g de graines de tournesol
* Le jus d'un demi-citron
* 2 c. à café d'oignon rouge haché
* 1 pincée de piment d'Espelette
* Sel

**Préparation : 10 minutes**

**Cuisson : aucune**

**Trempage : 12 heures**

**Égouttage : quelques heures**

Découvrez aussi le zoom sur le bleuet et la recette du Beurre de bleuet, page 116.

◗ La veille, rincez les graines de tournesol, puis faites les tremper 12 heures dans l'eau.

◗ Le lendemain, rincez soigneusement, frottez les graines entre vos mains pour détacher les fines pellicules qui les enveloppent. Ces dernières vont flotter à la surface de l'eau, ce qui permet de les retirer facilement. Égouttez soigneusement.

◗ Dans un robot, mixez les graines avec 1 cuillerée à café d'oignon rouge haché, le jus de citron, le sel, le piment et un peu d'eau (de l'ordre de 30 à 40 ml) pour arriver à la texture d'une pâte homogène. À ce stade, on peut déjà se régaler en tartinant sur des tranches de pain par exemple.

◗ Sinon, égouttez le fromage en le disposant dans une étamine (les compresses de gaze conviennent) en forme de fromage rond ou en ballot. Pressez régulièrement ou posez un poids sur le dessus et laissez égoutter plusieurs heures dans une passoire.

◗ Ouvrez le ballot. Ajoutez les pétales de bleuets et le reste de l'oignon haché sur le dessus avant de fermer l'étamine et de laisser égoutter de nouveau.

◗ Au bout de 2 ou 3 heures, sortez délicatement la préparation et proposez-la comme un fromage.

Entrées et encas

SALADES, ETC.

# Salades et soupes

- Consommé de betterave au vin blanc et sureau
- Bouillon miso aux champignons et à l'ail des ours
- Soupe de boulettes aux boutons d'ail des ours
- Gaspacho à la capucine
- Salade de laitue de mer à l'ail à trois angles
- Salade acidulée aux fleurs de glycine
- Salade de melon aux fleurs d'hémérocalles
- Carpaccio de champignons à la moutarde
- Taboulé printanier aux ornithogales
- Salade de navets aux pâquerettes
- Salade de la chance 100 % sauvage

SALADES, ETC.

# Consommé de betterave au vin blanc et sureau

Faites le plein d'antioxydants avec cette recette à la fois rafraîchissante et délicatement parfumée. Lorsque vous récoltez le sureau, faites au mieux pour ne pas secouer la fleur, car le pollen risque de tomber et, avec lui, les parfums et substances thérapeutiques. En cas d'affection respiratoire passagère, voilà un remède fleuri et rapide à préparer.

**Pour 3 personnes :**
* 2 ombelles de sureau en fleur
* 2 betteraves crues
* 1 branche de céleri
* 1 échalote
* 20 cl de vin blanc sec
* Quelques brins de persil
* 1 c. à soupe d'huile d'olive
* Sel et poivre

**Préparation : 20 minutes**
**Cuisson : 10 minutes**

▶ Détachez les fleurs des tiges et ajoutez-les au vin blanc. Laissez infuser.

▶ Nettoyez les légumes. Épluchez les betteraves. Hachez-les finement à l'aide d'un robot. Émincez finement la branche de céleri.

▶ Faites fondre l'échalote et le persil hachés dans l'huile d'olive pendant 2 ou 3 minutes.

▶ Mouillez avec le vin blanc.

▶ Au bout de 2 minutes, ajouter la betterave et le céleri. Versez de l'eau à niveau. Salez, poivrez, et laissez cuire à petit feu pendant 5 minutes.

▶ Servez chaud ou froid en décorant de quelques fleurs de sureau.

*Découvrez aussi le zoom sur le sureau et la recette de Fromage blanc au sureau et au miel, page 104.*

Salades et soupes

SALADES, ETC.

# Bouillon miso aux champignons et à l'ail des ours

Faute de trouver de l'ail des ours, laissez donc monter à graines dans votre jardin (ou jardinière) quelques plants d'oignon ou de ciboulette. Leurs fleurs offrent une saveur et un parfum soufrés. Vous pourrez les utiliser en remplacement dans cette recette ou pour parfumer toutes sortes de salades.

**Pour 4 personnes :**
* 10 inflorescences d'ail des ours (éventuellement quelques boutons)
* 2 gros champignons de Paris
* 1 morceau d'algue kombu déshydratée de 10 cm (ou wakamé)
* 1 échalote
* 2 c. à soupe de miso de riz
* 2 c. à soupe de sauce soja
* 1 c. à soupe d'huile d'olive

**Préparation : 10 minutes**

**Cuisson : 12 minutes**

▶ Réhydratez l'algue dans un bol d'eau pendant quelques minutes, puis ôtez la côte centrale et émincez le reste.

▶ Lavez, essuyez et émincez les champignons.

▶ Lavez et séchez délicatement les fleurs d'ail des ours. Émincez l'échalote.

▶ Dans une casserole, faites revenir l'échalote avec l'huile pendant 2 minutes.

▶ Ajoutez les champignons, les fleurs d'ail (en réserver un peu pour la déco) et l'algue.

▶ Couvrez d'eau. Laissez cuire à feu doux à partir des premiers frémissements pendant 10 minutes.

▶ Prélevez une louche de bouillon pour y dissoudre le miso avant de l'ajouter à la soupe, avec la sauce soja.

▶ Servez aussitôt ou bien laissez infuser à couvert jusqu'au moment de servir. Réchauffez rapidement.

### Zoom sur... l'ail des ours *(Allium ursinum)*
Plante à fleurs que l'on trouve dans presque toute la France, dans les bois humides.
**Floraison :** de mars à juin.
**Symbolique :** prospérité.
**Saveur** franche d'ail.
**Vertus :** antiseptique, vermifuge, apport de vitamine C.
**En cuisine :** s'utilise comme l'ail ou la ciboulette, cru ou cuit (salade, farces, soupes, fromage blanc).

*Découvrez aussi les recettes de Soupe de boulettes aux boutons d'ail des ours, page 42, Salade de laitue de mer à l'ail à trois angles, page 46.*

Salades et soupes

SALADES, ETC.

# Soupe de boulettes aux boutons d'ail des ours

Les boutons floraux d'ail vont parfumer délicatement cette soupe et éclateront en bouche en libérant leur saveur piquante. On peut les ajouter crus dans les salades de riz, entiers ou émincés, ou encore les conserver au vinaigre comme des câpres.

### Pour 4 personnes :
* Une vingtaine de boutons floraux d'ail des ours
* 1,5 litre de bouillon de volaille ou de légumes
* 100 g d'orge perlé
* 1 branche de céleri
* 1 branche de thym
* 1 grosse échalote
* Le jus d'un citron
* 3 c. à soupe d'huile d'olive

### Pour les boulettes de viande :
* 400 g de viande hachée (farce)
* Quelques brins de coriandre fraîche
* 1 c. à soupe d'huile d'olive
* 1 c. à café de cumin en poudre

### Préparation : 25 minutes
### Cuisson : 40 minutes

▶ Faites tremper l'orge quelques minutes dans l'eau. Frottez les graines entre les mains et rincez soigneusement jusqu'à ce que l'eau soit claire.

▶ Dans une casserole, faites suer l'échalote hachée avec l'huile d'olive. Ajoutez la branche de thym, le céleri émincé, 10 boutons floraux d'ail et l'orge. Couvrez de bouillon, puis laissez mijoter 25 minutes.

▶ Confectionnez les boulettes de viande : mélangez la viande, le cumin et la coriandre hachée. Formez des boulettes de la taille d'une petite noix. Faites-les dorer en tous sens dans une poêle huilée.

▶ Au moment de servir, ajoutez à la soupe le jus de citron et les boutons floraux restants. Servez-la en ajoutant 4 boulettes dans chaque assiette.

Découvrez aussi les recettes de Bouillon miso aux champignons et à l'ail des ours, page 40
Salade de laitue de mer à l'ail à trois angles, page 46.

Salades et soupes

SALADES, ETC.

# Gaspacho à la capucine

Les feuilles de capucine vont apporter une note piquante à ce gaspacho. N'ajoutez pas de poivre afin de bien préserver leur subtilité gustative.

**Pour 2 à 3 personnes :**
* 8 fleurs de capucine et une dizaine de feuilles
* 1 petit fenouil
* 1 poivron vert
* 2 tomates
* 1 demi-oignon rouge
* 4 c. à soupe d'huile d'olive
* 4 c. à soupe de vinaigre de cidre
* Sel

**Préparation : 10 minutes**

**Cuisson : aucune**

**Réfrigération : 2 heures environ**

### Zoom sur... la capucine *(Tropaeolum majus)*

Plante à fleurs que l'on trouve dans presque toute la France. À semer dans les jardins.
**Floraison :** de juin à octobre.
**Symbolique :** patriotisme, flamme d'amour, indifférence.
**Saveur :** forte et poivrée, goût piquant.
**Vertus :** antiseptique, laxative en grande quantité.
**En cuisine :** feuilles et fleurs crues dans les salades, cuites servant de lit pour un poisson, pétales cristallisés, boutons confits au vinaigre.

▶ Passez les fleurs et les feuilles sous l'eau et égouttez-les sur du papier absorbant.

▶ Lavez l'ensemble des légumes et coupez-les en morceaux.

▶ Utilisez un robot à lame pour hacher l'ensemble des ingrédients. Commencez par l'oignon, puis ajoutez le fenouil, le poivron, et terminez par les tomates. Si votre robot est efficace, inutile de peler les tomates. En toute fin, ajoutez 4 fleurs de capucine. Veillez à ce que le gaspacho soit haché finement, mais non mixé.

▶ Versez le tout dans un plat, ajoutez l'huile d'olive, le vinaigre et salez légèrement.

▶ Servez bien frais en décorant avec les fleurs restantes entières.

*Découvrez aussi la recette de Risotto aux fleurs de capucines et de courgettes, page 62.*

Salades et soupes  45

SALADES, ETC.

# Salade de laitue de mer à l'ail à trois angles

Il existe de nombreuses variétés du genre *Allium*. Ici, l'ail à trois angles *(Allium triquetrum)* s'utilise de la même manière que l'ail des ours. La fleur et son parfum caractéristique permettent une identification certaine.

### Pour 4 personnes :
* Un petit bouquet de fleurs d'ail sauvage (tiges, fleurs, boutons)
* 1 barquette de laitue de mer fraîche
* 2 c. à soupe d'huile d'olive
* 2 c. à soupe de sauce soja
* 1 c. à soupe de graines de sésame
* En accompagnement : 150 g de riz basmati

**Préparation : 15 minutes**

**Cuisson : 15 minutes**

### Ail à trois angles *(Allium triquetrum)*
Originaire du sud de Méditerranée, il s'est installé en Bretagne et en Normandie où il est considéré comme une plante invasive. La tige est caractéristique, formant trois angles.
**Floraison :** d'avril à juin.
**Symbolique :** prospérité.
**Saveur** franche d'ail.
**Vertus :** antiseptique, vermifuge, apport de vitamine C.
**En cuisine :** s'utilise comme l'ail des ours, cru ou cuit (salade, farces, soupes, fromage blanc). Feuilles, fleurs, bulbe et boutons floraux se consomment.

▶ Faites tremper les algues dans un saladier rempli d'eau. Le sel va tomber au fond. Jetez l'eau et refaites tremper dans une seconde eau pendant quelques minutes. Triez. Coupez les algues grossièrement aux ciseaux.

▶ Lavez l'ail sauvage. Émincez les tiges et coupez les fleurs à la base pour détacher les inflorescences.

▶ Dans une poêle, faites revenir la laitue de mer avec les tiges d'ail, l'huile d'olive et la sauce soja à feu doux pendant 15 minutes.

▶ Pendant ce temps, faites cuire le riz dans une fois et demie son volume d'eau salée, jusqu'à absorption.

▶ Servez et ajoutez des fleurs fraîches dans les assiettes.

*Découvrez aussi les recettes de Bouillon miso aux champignons et à l'ail des ours, page 40, Soupe de boulettes aux boutons d'ail des ours, page 42.*

Salades et soupes

SALADES, ETC.

# Salade acidulée aux fleurs de glycine

Une salade toute simple, très légèrement assaisonnée, à déguster en entrée ou (pourquoi pas ?) en dessert avec un filet de miel d'acacia.

**Pour 2 personnes :**
* 1 grappe de glycine
* 1 branche de céleri
* 1 pomme acidulée et bien sucrée
* 1 brin d'estragon
* Assaisonnement : quelques gouttes de jus de citron, 1 filet d'huile d'olive ou de cameline (au bon goût de petit pois)

**Préparation : 15 minutes**

**Cuisson : aucune**

⟩ Lavez la grappe de glycine sous un filet d'eau et détachez chaque fleur. Réservez.

⟩ Lavez le céleri, la pomme et l'estragon. Émincez le céleri. Détaillez la pomme en dés. Ciselez l'estragon.

⟩ Mêlez les ingrédients dans un bol, et arrosez simplement de citron et d'huile. Servez aussitôt.

### Zoom sur... la glycine *(Wistaria sinensis)*

Plante à fleurs poussant dans les jardins, sur les pergolas, les murs.
**Floraison :** d'avril à juin.
**Symbolique :** je m'accroche à vous.
**Saveur :** assez forte, légèrement sucrée.
**En cuisine :** les grappes de fleurs se consomment en beignets, s'ajoutent aux salades et aux sauces salées, accompagnent le poisson, parfument les confitures. Attention, les graines et les feuilles sont toxiques !

*Découvrez aussi la recette de Beignets de fleurs de glycine à la bière blanche, page 82.*

Salades et soupes  49

**SALADES, ETC.**

# Salade de melon aux fleurs d'hémérocalles

Cette salade de melon pourra être dégustée aussi bien en entrée qu'en dessert. Le piment, l'origan et le citron s'accordent pour relever cette salade. Une belle expérience visuelle et gustative.

**Pour 2 ou 3 personnes :**
* 3 ou 4 fleurs d'hémérocalles
* 1 melon charentais
* 1 brin d'origan sauvage ou 1 c. à café d'origan séché
* 1 pincée de piment d'Espelette
* le jus d'un demi-citron

**Temps de préparation : 10 minutes**

**Temps de cuisson : aucune**

▶ Lavez le melon, prélevez la chair et coupez-la en morceaux.

▶ Lavez l'origan et détachez les pétales et les fleurs de la tige.

▶ Lavez les fleurs d'hémérocalles. Ôtez les pistils et ciselez les pétales.

▶ Mêlez tous ces ingrédients dans un saladier.

▶ Arrosez le jus de citron. Saupoudrez de piment.

### Zoom sur... l'hémérocalle *(Hemerocalis spp.)*

Plante vivace à introduire au jardin à l'automne, mi-ombre/soleil. Facile à cultiver.
**Floraison :** de mai à novembre.
**Symbolique :** invitation à l'adultère (jaune).
**Saveur :** goût un peu piquant.
**Vertus :** laxative en grande quantité, cicatrisante et bactéricide.
**En cuisine :** les fleurs, très décoratives et aromatiques, décorent les salades sucrées et salées. Les bourgeons légèrement sautés peuvent accompagner des plats, comme un légume.

*Découvrez aussi la recette de Bourgeons d'hémérocalles à la japonaise, page 32.*

Salades et soupes 51

**SALADES, ETC.**

# Carpaccio de champignons à la moutarde

Pour relever carpaccios, marinades, sauces yaourt ou mayonnaises, ajoutez sans hésiter des fleurs de moutarde hachées, tout simplement.

**Pour 2 personnes :**
* 1 poignée d'inflorescences de moutarde
* 4 à 6 champignons de Paris bien fermes
* Le jus d'un citron
* 3 c. à soupe d'huile d'olive
* 2 brins de persil plat
* Sel

**Préparation : 10 minutes**

**Cuisson : aucune**

◗ Préparez l'émulsion : lavez et hachez grossièrement les fleurs et le persil.

◗ À l'aide d'un mixeur plongeant ou d'un blender, émulsionnez le persil, les fleurs avec le jus de citron, l'huile d'olive et le sel. Ajoutez un peu d'eau si nécessaire.

◗ Lavez les champignons. Ôtez les pieds en les faisant simplement basculer, ils se détachent à leur base. Réservez-les pour une autre utilisation. Éventuellement, épluchez les chapeaux.

◗ Coupez-les finement en carpaccio et disposez-les joliment dans les assiettes.

◗ Arrosez d'émulsion et servez.

*Découvrez aussi le zoom sur la moutarde et la recette d'Endives braisées au kasha et à la moutarde, page 74.*

Salades et soupes 53

**SALADES, ETC.**

# Taboulé printanier aux ornithogales

Ce taboulé très vert et croquant est une ode au printemps. Une recette rapide à préparer et qui sera tout aussi bonne à déguster bien fraîche le lendemain.

**Pour 2 personnes :**
* 1 poignée d'ornithogales
* 200 g de semoule de couscous
* 1 petit bol de fèves épluchées et de petits pois écossés
* 5 c. à soupe d'huile d'olive
* Le jus de 2 citrons et leur zeste
* 2 c. à soupe d'herbes aromatiques (persil plat, ciboulette, estragon...) ciselées
* Sel

**Préparation : 15 minutes**

**Réfrigération : 2 heures**

**Cuisson : 2 minutes**

◗ Prélevez le zeste du citron.

◗ Dans un saladier, mélangez la semoule avec le jus des citrons, l'huile d'olive et les herbes ciselées.

◗ Salez, tassez légèrement et réservez au frais pendant 2 heures.

◗ Équeutez les ornithogales. Réservez les queues pour une autre utilisation ou bien émincez-les pour les ajouter au taboulé.

◗ Ébouillantez les fèves, les petits pois et les ornithogales pendant 2 minutes dans l'eau bouillante, puis rafraîchissez à l'eau claire.

◗ Ajoutez les légumes et les zestes de citron au taboulé.

◗ Servez frais.

*Découvrez aussi le zoom sur l'ornithogale et la recette de Toasts de truite fumée et ornithogales, page 28.*

Salades et soupes 55

SALADES, ETC.

# Salade de navets aux pâquerettes

Quelques petits navets bien croquants coupés finement, leurs fanes douces transformées en sauce et quelques fleurs pour couronner cette charmante entrée printanière.

**Pour 2 personnes :**
* 1 poignée de fleurs de pâquerettes
* 2 ou 3 petits navets avec leurs fanes
* Le jus d'un citron
* 4 c. à soupe d'huile de cameline (ou olive)
* Quelques brins de ciboulette et quelques fleurs
* Sel et poivre

**Préparation : 15 minutes**

**Cuisson : aucune**

▶ Lavez les navets et leurs fanes.

▶ Pressez le jus du citron.

▶ Lavez et ciselez la ciboulette. Lavez et séchez les pâquerettes.

▶ Dans un blender ou à l'aide d'un mixeur plongeant, émulsionnez les fanes de navet avec le jus du citron, l'huile de cameline, et un peu d'eau pour parfaire la consistance. Salez et poivrez.

▶ Découpez les navets finement à la mandoline ou à l'aide d'un grand couteau.

▶ Disposez joliment les rondelles de navet dans chaque assiette. Arrosez de sauce. Parsemez de ciboulette et décorez avec les pâquerettes.

*Découvrez aussi le zoom sur la pâquerette et la recette de Quiche de saumon aux pâquerettes, page 76.*

# Salade de la chance 100 % sauvage

Une petite salade belle et irrésistiblement odorante à composer au hasard des récoltes, comme un mesclun sauvage. Ajoutez des crudités, des œufs, des noix, des olives ou, pourquoi pas, une tranche de poisson fumé, des anchois ou de petits lardons pour une salade complète.

**Pour 2 personnes :**
- Fleurs : bourrache, violette, pâquerette, trèfle, rose
- Feuilles vertes sauvages : vesces, alliaire, feuilles de trèfle
- Assaisonnement simple : le jus d'un demi-citron, huile d'olive, sel et poivre, persil haché

**Préparation : 15 minutes**

**Cuisson : aucune**

▶ Faites tremper l'ensemble de votre récolte dans l'eau pendant quelques minutes. Lavez dans deux eaux. Rincez en ajoutant éventuellement quelques gouttes de vinaigre, puis essorez délicatement.

▶ Mélangez les différents éléments dans un saladier.

▶ Agrémentez d'autres ingrédients selon vos envies.

▶ Assaisonnez au dernier moment.

*Découvrez aussi le zoom sur le trèfle, page 106, les recettes d'Aspic de trèfle, page 106, et Jus vert aux plantes et fleurs sauvages, page 114.*

PLATS

# Légumes et plats

- ~ Risotto aux fleurs de capucines et de courgettes
- ~ Spaghettis en duo aux fleurs de courgettes
- ~ Curry de légumes onctueux à l'immortelle
- ~ Cocotte de moules à l'immortelle
- ~ Rôti de porc aux pêches et à la lavande
- ~ Légumes farcis au tofu mariné à la lavande
- ~ Endives braisées au kasha et à la moutarde
- ~ Quiche de saumon aux pâquerettes
- ~ Maquereaux et purée de pois aux violettes

PLATS

# Risotto aux fleurs de capucines et de courgettes

**Pour 4 personnes :**
* 10 feuilles de capucine
* 8 fleurs de capucine
* 4 à 8 fleurs de courgettes
* 700 ml de bouillon de légumes
* 300 g de riz à risotto
* 50 g de parmesan (facultatif)
* 3 belles tomates
* 3 échalotes
* 1 gousse d'ail
* 5 c. à soupe d'huile d'olive

**Préparation :** 20 à 25 minutes

**Cuisson :** 1 heure

Découvrez aussi le zoom sur la capucine et les recettes de Gaspacho à la capucine, page 44, Raïta à la courgette, page 24, Spaghettis en duo aux fleurs de courgettes, page 64.

**Opération « Séduction » avec ce risotto très frais et parfumé !**

▶ Passez les fleurs délicatement sous l'eau et égouttez-les sur du papier absorbant.

▶ Pelez et épépinez les tomates. Pelez et émincez l'ail. Faites revenir doucement les tomates et l'ail dans une casserole avec 1 cuillerée à soupe d'huile d'olive. Au bout de 30 minutes environ, elles doivent être légèrement confites. Salez, poivrez, ajoutez les fleurs de courgettes et réservez hors du feu.

▶ Faites chauffer le bouillon.

▶ Émincez les échalotes. Ciselez les feuilles de capucine.

▶ Faites fondre les échalotes doucement dans un faitout avec 3 ou 4 cuillerées à soupe d'huile d'olive.

▶ Ajoutez le riz et faites-le revenir 5 minutes en mélangeant régulièrement.

▶ Lorsqu'il est nacré, ajoutez une louche de bouillon et les feuilles de capucine. Faites cuire à feu moyen en remuant constamment avec une cuillère en bois. Une fois que le bouillon est absorbé, ajoutez une nouvelle louche. Poursuivez la cuisson de cette façon, pendant environ 20 minutes, jusqu'à cuisson parfaite du riz. Il doit être légèrement lié, les grains encore un peu fermes à l'extérieur et moelleux à cœur.

▶ Ajoutez le parmesan. Mélangez vigoureusement.

▶ Réchauffez légèrement les tomates et les fleurs de courgettes. Servez le risotto dans chaque assiette en ajoutant les tomates et les fleurs. Décorez de fleurs de capucines fraîches.

Je cuisine les fleurs

PLATS

# Spaghettis en duo aux fleurs de courgettes

**Pour 2 personnes :**
* 6 fleurs de courgettes
* 1 petite courgette
* 2 portions de nouilles Udon ou Soba (spécialité japonaise)
* 1 gousse d'ail
* Du thym frais
* 1 c. à soupe d'huile d'olive
* 1 c. à soupe de sauce soja
* Sel

**Préparation : 20 minutes**

**Cuisson : 10 minutes**

### Zoom sur... la courgette *(Cucurbita pepo)*
Dans vos jardins. Prévoyez quelques plans en plus pour sacrifier les fruits.
**Floraison :** de mai-juin à septembre.
**Saveur :** légèrement sucrée, goût discret de la courgette.
**En cuisine :** large fleur se fondant dans toutes sortes de recettes (farcies, sautées, en gratin...).

**Les fleurs de courgettes, entières et juste sautées à l'ail, accompagnent parfaitement des pâtes japonaises et des spaghettis de courgettes crus mêlés.**

▶ Déposez les fleurs sur le plan de travail et laissez les petites bêtes en sortir, puis passez les fleurs sous l'eau et réservez sur un papier absorbant.

▶ Épluchez et émincez l'ail. Lavez le thym et la courgette.

▶ Faites revenir l'ail dans une poêle avec l'huile d'olive. Au bout de 2 minutes, ajoutez les fleurs, mélangez délicatement, laissez cuire à feu doux 2 minutes à peine. Réservez.

▶ Faites cuire les nouilles dans l'eau salée pendant 4 minutes. Égouttez.

▶ Découpez la courgette à la mandoline ou au couteau en fins spaghettis.

▶ Avant de servir, faites revenir les pâtes mêlées aux courgettes dans la poêle pendant 1 minute avec la sauce soja. Ajoutez les fleurs sautées. Servez immédiatement en saupoudrant de thym frais.

*Découvrez aussi les recettes de Raïta à la courgette, page 24, Risotto aux fleurs de capucines et de courgettes, page 62.*

Légumes et plats

PLATS

# Cocotte de moules à l'immortelle

Accord parfait entre les coquillages et le subtil parfum de curry de l'immortelle. En fermant les yeux, on se croirait sur une dune de sable en bord de mer...

**Pour 4 personnes :**
* 5 à 10 brins d'immortelle
* 2 kg de moules
* 250 ml de crème soja cuisine
* 200 ml de vin blanc sec
* 3 échalotes
* 2 c. à soupe d'huile d'olive

**Préparation : 20 minutes**

**Cuisson : 30 minutes**

### Zoom sur... l'immortelle *(Helichrysum stoechas)*

Plante à fleurs que l'on trouve en milieu sec, dans les landes et dunes atlantiques et méditerranéennes.
**Floraison :** de juillet à septembre.
**Symbolique :** culte des morts.
**Saveur :** parfum de curry qui se diffuse par infusion dans les plats. Accentué au séchage.
**Vertus :** utile contre les brûlures d'estomac.
**En cuisine :** parfume agréablement les plats, mais ne se mange pas. Si vous n'avez pas d'immortelle, réalisez les recettes en utilisant de la poudre de curry.

▶ Hachez l'échalote. Passez les brins d'immortelle sous l'eau.

▶ Dans une cocotte, faites fondre l'échalote à feu doux dans l'huile d'olive.

▶ Ajoutez le vin blanc et les immortelles. Laissez réduire 3 minutes, puis ajoutez les moules.

▶ Laissez cuire à feu vif, à couvert, pendant 5 à 10 minutes. Mélangez une ou deux fois au cours de la cuisson.

▶ Une fois les moules ouvertes et cuites, servez-les en utilisant une écumoire.

▶ Retirez les fleurs d'immortelles du fond de la cocotte.

▶ Feu éteint, ajoutez la crème soja dans le jus, mélangez et nappez les moules de cette sauce. Dégustez aussitôt.

*Découvrez aussi la recette de Curry de légumes onctueux à l'immortelle, page 68.*

Légumes et plats

PLATS

# Curry de légumes onctueux à l'immortelle

Les immortelles parfument ce curry de légumes. Elles ne se consomment pas, donc ne détachez pas les fleurs de leurs ombelles afin de les retirer facilement avant de servir.

**Pour 4 personnes :**
- 5 brins d'immortelle
- Légumes : 2 pommes de terre, 1 carotte, 1 poivron vert, 1 courgette, 1 tomate
- 150 g de pois chiche cuits
- 200 ml de lait de coco
- 1 c. à soupe de graines de coriandre
- ½ c. à café de fenugrec (facultatif)
- 1 c. à soupe d'huile d'olive
- 1 oignon
- 2 gousses d'ail
- Sel et poivre

**Préparation : 20 minutes**

**Cuisson : 25 minutes**

▶ Épluchez les pommes de terre, coupez-les en dés et faites-les cuire 5 minutes dans une casserole d'eau bouillante.

▶ Lavez les autres légumes et coupez-les en morceaux.

▶ Épluchez et émincez l'oignon et l'ail. Faites-les revenir dans une casserole avec l'huile d'olive, le fenugrec et la coriandre jusqu'à légère coloration.

▶ Ajoutez tous les légumes et laissez cuire pendant 10 minutes à feu doux, à couvert.

▶ Salez et poivrez légèrement. Ajoutez le lait de coco, les brins d'immortelle, les pois chiches et poursuivez la cuisson pendant 10 minutes. Salez et poivrez.

▶ Retirez les brins d'immortelle au moment de déguster. Accompagnez avec du riz basmati.

Découvrez aussi le zoom sur l'immortelle et la recette de Cocotte de moules à l'immortelle, page 66.

Légumes et plats

PLATS

# Rôti de porc aux pêches et à la lavande

Le rôti cuit en cocotte à basse température n'est pas sec et sa cuisson est plus rapide. Le parfum de lavande va se diffuser délicatement à l'ensemble des ingrédients. À déguster chaud ou froid.

**Pour 3 à 4 personnes**
* 1 c. à soupe de fleurs de lavande (fraîches si possible, ou déshydratées)
* 1 rôti de porc de 600 g
* 4 pêches de vigne ou pêches plates
* 1 gros oignon jaune
* 3 gousses d'ail
* 2 à 3 c. à soupe d'huile d'olive
* Légumes d'accompagnement : fèves, petits pois, épinards…

**Préparation : 20 minutes**

**Cuisson : 20 à 25 minutes**

### Zoom sur… la lavande (Lavandula angustifolia)

Plantes à fleurs que l'on trouve dans les montagnes du midi de la France, sur les coteaux arides et calcaires.
**Floraison :** de juin à août.
**Symbolique :** méfiance, silence, tendresse…
**Saveur :** fleurie et parfum délicat typique.
**Vertus :** apaisante, facilite la digestion.
**En cuisine :** comme aromate dans les plats salés de légumes, de viandes ou de poissons, ou bien dans les desserts lactés, à base de fruits, de chocolat… La lavande diffuse mieux ses parfums à la cuisson.

▶ Dans une cocotte en fonte, faites dorer le rôti en tous sens dans l'huile d'olive.

▶ Épluchez l'oignon et détaillez-le en morceaux. Détachez les gousses d'ail, mais ne les épluchez pas (ail en chemise).

▶ Lorsque le rôti est bien doré, ajoutez tout autour les oignons, les gousses d'ail, et les pêches entières. Saupoudrez de lavande, salez et poivrez.

▶ Posez un couvercle, baissez le feu et comptez environ 20 à 25 minutes de cuisson. Laissez reposer le rôti dans la cocotte fermée.

▶ Servez avec des légumes frais, comme des fèves écossées et épluchées, des petits pois, des épinards ou encore accompagnez d'une céréale.

*Découvrez aussi le zoom sur la lavande et la recette de Légumes farcis au tofu mariné à la lavande, page 72.*

Légumes et plats

PLATS

# Légumes farcis au tofu mariné à la lavande

Retrouvez tout le parfum du Sud dans ces petits légumes provençaux farcis au tofu. Cette recette constitue un plat complet. N'hésitez pas à prévoir deux légumes par personne.

### Pour 4 personnes :
* Légumes à farcir, plutôt petits (aubergines, courgettes rondes, poivrons)
* 2 pavés de tofu fumé (200 g)
* 100 g de boulgour
* 5 à 6 olives

### Pour la marinade :
* 1 c. à soupe de fleurs de lavande
* le jus d'un citron
* 5 c. à soupe d'huile d'olive
* 50 g d'olives vertes marinées
* 1 pincée de romarin en poudre
* sel et poivre

**Préparation : 25 minutes**

**Cuisson : 30 minutes**

▶ Faites cuire le boulgour dans son volume d'eau salée pendant 5 minutes, puis égouttez-le.

▶ Dénoyautez les olives et coupez-les en morceaux. Préparez la marinade en mélangeant tous les ingrédients dans un plat.

▶ Râpez le tofu. Mélangez-le soigneusement avec le boulgour et la marinade. Tassez dans un bol et réservez.

▶ Pendant ce temps, lavez les légumes, coupez leur chapeau et creusez-les délicatement. Farcissez-les en tassant bien la farce.

▶ Préchauffez le four à 160 °C.

▶ Placez les légumes dans un plat et enfournez pour 30 minutes.

▶ Laissez reposer un peu avant de servir.

Découvrez aussi la recette de Rôti de porc aux pêches et à la lavande, page 70.

Légumes et plats

# Endives braisées au kasha et à la moutarde

**Pour 4 personnes :**
* 1 petit bol d'inflorescence de moutarde sauvage et quelques feuilles
* 4 endives
* 150 g de kasha (graines de sarrasin grillé).
* 3 c. à soupe d'huile d'olive
* 2 c. à soupe de sauce soja
* 2 échalotes
* sel

**Préparation : 15 minutes**

**Cuisson : 25 minutes**

### Zoom sur... la moutarde noire *(Brassica nigra)*

Plante à fleurs que l'on trouve dans presque toute la France, dans les champs ou sur les talus.
**Floraison :** d'avril à octobre.
**Symbolique :** vous êtes la cause de ma tristesse.
**Saveur :** légèrement poivrée, avec une odeur de chou.
**Vertus :** apéritive, antiseptique, stimule la digestion.
**En cuisine :** pour tous les assaisonnements, les farces. À ciseler crue sur les salades, les poissons...

La moutarde s'utilise avec tous les légumes sautés. Ses notes piquantes remplacent agréablement le poivre. Pensez à conserver quelques fleurs et feuilles crues pour plus d'intensité.

▶ Lavez les fleurs et les feuilles de moutarde. Réservez les fleurs. Hachez grossièrement les feuilles.

▶ Lavez les endives. Coupez-les en quatre dans le sens de la longueur.

▶ Pelez et émincez les échalotes.

▶ Dans une grande poêle, faites cuire à l'étouffée les endives et les échallotes avec les feuilles de moutarde. Procédez à feu à doux et à couvert pendant 15 minutes. Surveillez la cuisson : si les endives ne rendent pas assez d'eau, ajoutez-en un peu au cours de la cuisson. Salez.

▶ En fin de cuisson, l'eau doit avoir été absorbée totalement. Réservez au chaud.

▶ Dans la poêle, versez le kasha, l'huile d'olive et la sauce soja. Faites revenir quelques instants. Ajoutez un verre d'eau et la moitié des fleurs et laissez cuire doucement pendant 10 minutes. Les graines de kasha conservent un léger croquant et il doit rester un peu de jus de cuisson.

▶ Servez les endives avec le kasha et parsemez de fleurs fraîches restantes.

*Découvrez aussi la recette de Carpaccio de champignons à la moutarde, page 52.*

Légumes et plats  75

# Quiche de saumon aux pâquerettes

Une quiche toute douce, à la fois nourrissante et légère, qui se déguste idéalement froide. À composer avec une belle laitue craquante.

**Pour la pâte :**
* 200 g de farine de blé T80
* 1 œuf
* 5 c. à soupe d'huile d'olive
* 1 pincée de sel

**Pour la garniture :**
* 1 petit bol de pâquerettes (fleurs)
* 250 g de saumon frais
* 150 ml de lait de soja
* 100 ml de crème soja cuisine
* 3 œufs
* de la ciboulette ciselée
* sel et poivre

**Préparation : 20 minutes**

**Cuisson : 40 minutes**

### Zoom sur... la pâquerette vivace *(Bellis perennis)*

Plante à fleurs que l'on trouve dans toute la France, dans les prairies, prés, pelouses...
**Floraison :** de mars à octobre.
**Symbolique :** aspiration à l'amour, fidélité...
**Saveur :** légère, mais tellement décorative !
**Vertus :** hypertension, artériosclérose.
**En cuisine :** les fleurs entières s'ajoutent aux salades, aux légumes cuits.

▸ Dans une poêle, versez quelques cuillerées d'eau et faites cuire le saumon à basse température et à couvert pendant 10 minutes.

▸ Une fois cuit, enlevez la peau et prélevez délicatement la chair qui forme comme des écailles. Réservez.

▸ Préchauffez le four à 180 °C.

▸ Mélangez tous les ingrédients de la pâte dans un saladier et formez une boule. Étalez-la sur le plan de travail et foncez un moule à tarte.

▸ Préparez la garniture : dans un saladier, fouettez doucement les œufs. Ajoutez le lait et la crème soja, ainsi que la ciboulette ciselée. Salez et poivrez. Ajoutez enfin le saumon et les pâquerettes (réservez-en quelques-unes pour la déco).

▸ Versez la préparation dans le fond de tarte.

▸ Enfournez pour 30 minutes environ.

*Découvrez aussi la recette de Salade de navet aux pâquerettes, page 56.*

Légumes et plats

# Maquereaux et purée de pois aux violettes

Le parfum des violettes a beau être entêtant, il n'en est pas moins fragile. Si l'infusion lui convient, la cuisson détruit ses arômes. Dans cette recette, les violettes accompagnent la douceur des petits pois. Elles vous surprendront à chaque bouchée.

### Pour 2 personnes :
* Les filets de 2 maquereaux
* 1 échalote
* 400 g de petits pois écossés
* 1 citron
* 2 c. à soupe d'huile d'olive
* 1 c. à soupe de crème
* 1 petit bol de fleurs de violettes
* 1 poignée de salade mélangée ou sauvage (mesclun ou, ici, stellaire)
* Sel et poivre

**Temps de préparation :** 15 minutes
**Temps de cuisson :** 20 minutes

▶ Lavez et égouttez les fleurs et la salade.

▶ Plongez les petits pois dans une casserole avec un grand verre d'eau frémissante et faites cuire doucement à couvert pendant 10 minutes. Égouttez.

▶ Prélevez le zeste du citron et pressez son jus.

▶ Écrasez les petits pois égouttés à la fourchette ou au presse-purée. Ajoutez le jus de citron et la crème. Salez et poivrez. Réservez au chaud dans la casserole.

▶ Faites cuire les filets de maquereaux avec l'échalote émincée pendant 10 minutes dans une poêle à couvert à feu très doux, avec l'huile d'olive et quelques cuillerées à soupe d'eau.

▶ Servez la purée de petits pois accompagnée des filets de maquereaux et de la salade fraîche.

▶ Parsemez de violettes et de zeste de citron.

### Zoom sur... la violette odorante (*Viola odorata*)

Plante à fleurs qu'on trouve dans toute la France dans les bois, haies, pelouses.
**Floraison :** de février à mai.
**Symbolique :** modestie, humilité, pudeur...
**Saveur :** douce.
**Vertus :** antiseptique, antitussif (sirop).
**En cuisine :** fleurs fraîches et sèches dans les glaces, les tisanes, les gelées à l'agar-agar, les glaçons, cristallisées.

*Découvrez aussi les recettes d'Entremets avocat, goji, et violette, page 108, de Glaçons fleuris, page 124.*

Légumes et plats

# Desserts

- Beignets de fleurs de glycine à la bière blanche
- Gelée de lait au lilas
- Soupe glacée aux pommes et au coucou
- Riz au lait aux primevères
- Brioche royale aux figues et à la reine-des-prés
- Omelette aux fraises et fleurs d'acacia
- Crème aux œufs aux fleurs d'acacia
- Pain perdu à la rose
- Perles du Japon à la rose
- Clafoutis aux roses trémières
- Mousse au chocolat *flower power*
- Fromage blanc au sureau et au miel
- Aspic de trèfle
- Entremets avocat, goji et violette

**DESSERTS**

# Beignets de fleurs de glycine à la bière blanche

Ces beignets se dégustent comme des bonbons… La pâte est très légère grâce à la bière blanche et aux blancs d'œufs montés en neige. Vous pouvez aussi les réaliser avec les fleurs de robinier faux-acacia.

**Pour 4 personnes :**
* 4 belles grappes de fleurs de glycine
* 2 œufs
* 100 ml d'eau tiède
* 50 ml de bière blanche
* 75 g de farine
* 2 c. à soupe de sucre glace + un peu pour la déco
* 1 c. à soupe de fécule (arrow-root)
* du beurre de cacao 100 % (marque Stoléo en saupoudreur) ou 2 c. à soupe d'huile de coco

**Préparation : 15 minutes**

**Cuisson : 5 à 10 minutes**

Découvrez aussi le zoom sur la glycine et la recette de Salade acidulée aux fleurs de glycine, page 48.

▶ Secouez légèrement les grappes de fleurs pour les débarrasser des poussières éventuelles. Éventuellement, passez-les sous l'eau et égouttez-les soigneusement sur du papier absorbant. Elles ne doivent pas être humides.

▶ Préparez la pâte à beignets : fouettez les jaunes d'œufs avec le sucre. Ajoutez la bière, puis la farine et la fécule, et enfin l'eau tiède en fouettant vigoureusement.

▶ Montez les blancs en neige pas trop ferme. Incorporez-les.

▶ Faites chauffer légèrement la poêle avec la matière grasse.

▶ Trempez les grappes de fleurs dans la pâte à beignets. Déposez-les dans la poêle. Laissez cuire doucement 1 à 2 minutes, puis retournez la grappe afin qu'elle soit cuite uniformément sur l'autre face.

▶ Faites de même avec toutes les grappes de fleurs.

▶ Servez les beignets aussitôt ou bien tièdes, saupoudrés de sucre glace.

# Gelée de lait au lilas

L'infusion de lilas parfume très délicatement cette gelée de lait. Un dessert qu'il convient de déguster très frais ! Utilisez aussi d'autres fleurs parfumées qui se marient avec les desserts lactés comme la rose, la lavande, la reine-des-prés ou les violettes odorantes.

**Pour 4 personnes :**
* 1 grappe de lilas (+ quelques fleurs pour la déco)
* 25 cl de lait entier non pasteurisé
* 2 yaourts brassés
* 2 c. à soupe de crème épaisse crue
* 2 c. à soupe de sucre glace
* 2 g d'agar-agar
* En accompagnement : quelques fraises ou fruits de saison

**Temps de préparation : 15 minutes**

**Infusion et refroidissement : 10 minutes + 2 heures**

**Temps de cuisson : 11 minutes**

▶ Rincez la grappe de lilas sous l'eau. Égouttez sur du papier absorbant.

▶ Faites infuser le lilas dans le lait chaud sucré à couvert pendant 10 minutes maximum (afin d'éviter de transmettre l'astringence). Filtrez.

▶ Ajoutez la crème, les yaourts et l'agar-agar. Fouettez et remettez sur feu doux.

▶ Aux premiers frémissements, poursuivez la cuisson pendant 1 minute.

▶ Versez dans des ramequins et placez au frais pendant 2 heures.

▶ Préparez les fraises et ajoutez-les sur les gelées au moment de servir.

▶ Décorez de quelques fleurs de lilas.

*Découvrez aussi le zoom sur le lilas et la recette d'Asperges blanches au lilas, page 30.*

**DESSERTS**

# Soupe glacée aux pommes et au coucou

Afin de profiter de la saveur sucrée des fleurs de cette primevère, il faudra les récolter avant le passage des butineurs ! La fraîcheur et le beau jaune vif des coucous apporteront un charme authentique à cette soupe veloutée à servir bien glacée.

**Pour 2 ou 3 personnes :**
- 15 coucous
- 500 g de pomme douce
- 200 ml de lait d'amande
- 2 c. à soupe de sucre glace
- 1 c. à soupe de crème ou de purée d'amande blanche

**Temps de préparation : 15 minutes**

**Temps de cuisson : 10 à 15 minutes**

### Zoom sur... la primevère officinale/le coucou (Primulas veris)

Plante à fleurs présente dans toute la France, dans les prairies, sur les talus.
**Floraison :** de février à juin.
**Symbolique de la primevère :** hymne à la jeunesse des sentiments, au renouveau...
**Saveur :** très sucrée lorsque l'on préserve le fond du capitule. Parfum suave et délicat.
**Vertus :** sédatives, anti-inflammatoires, utiles contre les céphalées.
**En cuisine :** feuilles et fleurs dans les coupes, les salades. Les fleurs s'utilisent en confiture, les pétales cristallisés. Les autres primevères (primevères acaules, primevère élevée) sont très décoratives, mais sans saveur.

▶ Épluchez les pommes et coupez-les en morceaux.

▶ Faites-les cuire à la vapeur ou à l'étouffée jusqu'à ce qu'elles soient fondantes.

▶ Mixez-les avec le lait d'amande et la crème (ou la purée d'amande blanche). Le lait d'amande étant généralement sucré, inutile d'ajouter du sucre.

▶ Placez au frais.

▶ Au moment de servir, détachez les fleurs des coucous et parsemez-en généreusement les assiettes. Saupoudrez d'un peu de sucre glace.

*Découvrez aussi la recette du Riz au lait aux primevères, page 88.*

Desserts

**DESSERTS**

# Riz au lait aux primevères

Les primevères acaules sont inodores, mais très décoratives. Certaines, échappées des jardins, tapissent les sous-bois. Les primevères officinales (coucous) vont distiller leur parfum, tandis que leurs cousines acaules décoreront votre riz au lait.

**Pour 3 à 4 personnes :**
- 15 à 20 fleurs de primevères officinales (coucous)
- Des fleurs de primevères acaules (pour la déco)
- 700 à 800 ml de lait d'amande
- 150 g de riz rond complet
- 50 g de sucre
- 1 gousse de vanille
- 1 jaune d'œuf extrafrais

**Préparation : 10 minutes**

**Cuisson : 25 minutes**

**Repos : 30 minutes**

▸ Rincez le riz dans une passoire.

▸ Détachez les corolles des primevères officinales.

▸ Fendez la gousse de vanille en deux et retirez les graines à l'aide de la pointe d'un couteau.

▸ Mélangez le lait, la vanille, le riz, le sucre et les primevères officinales dans une casserole.

▸ Mettez sur feu doux et laissez cuire pendant environ 25 minutes. Surveillez la présence suffisante de lait tout au long de la cuisson. Ajoutez-en si nécessaire. Mélangez de temps en temps.

▸ Laissez reposer 30 minutes à couvert.

▸ Ajoutez le jaune d'œuf dans le riz et mélangez rapidement.

▸ Servez immédiatement et décorez avec les primevères acaules.

*Découvrez aussi la recette Soupe glacée aux pommes et au coucou, page 86.*

Je cuisine les fleurs

DESSERTS

# Brioche royale aux figues et à la reine-des-prés

Royale, cette brioche parfumée à la reine-des-prés ! Sa légère amertume rappelant l'amande amère m'a conduite à remplacer le lait de vache et le beurre par du lait d'amande et de la purée d'amande, ce qui n'enlève rien à sa légèreté.

**Pour 8 à 10 personnes :**
* 1 petit bol d'inflorescences de reine-des-prés fraîche ou 2 c. à soupe de reine-des-prés déshydratée
* 500 g de farine blanche
* 200 g de purée d'amande blanche
* 100 g de sucre
* 12 à 15 g de levure de boulanger lyophilisée
* 5 œufs
* 5 cl de lait d'amande
* 1 pincée de sel
* un peu d'huile d'olive
* 4 figues

**Préparation : 20 minutes**

**Cuisson : 30 minutes**

**Temps de repos : 1 heure 15**

Découvrez aussi la recette de la Limonade à la reine-des-prés, page 122.

▶ Faites tiédir le lait. Coupez le feu, ajoutez la reine-des-prés et laissez infuser à couvert pendant 30 minutes. Filtrez et refaites tiédir le lait.

▶ Dans un saladier, mélangez 350 g de farine, le sel et la levure. Ajoutez le lait et mélangez un peu pour réhydrater la levure. Ajoutez les œufs et mélangez. Ajoutez le sucre et mélangez quelques minutes. Ajoutez le reste de la farine et pétrissez quelques minutes. Ajoutez la purée d'amande et pétrissez à nouveau.

▶ Laissez reposer 15 minutes sous un linge, après avoir saupoudré légèrement de farine. Pétrissez une dernière fois.

▶ Lavez, équeutez les figues et coupez-les en morceaux.

▶ Préchauffez le four à 200 °C. Recouvrez une plaque pâtissière de papier cuisson.

▶ Étalez la pâte au rouleau et pratiquez des incisions dans la pâte. Ajoutez les figues sur le dessus et arrosez d'un petit filet d'huile d'olive.

▶ Enfournez pour 20 à 25 minutes.

▶ Laissez refroidir avant de déguster.

**DESSERTS**

# Omelette aux fraises et fleurs d'acacia

Cette recette est rapide à préparer et compose un petit déjeuner à la fois léger et protéiné. Utilisez des œufs bien frais et variez la cuisson de l'omelette selon vos goûts.

### Pour 2 personnes :
* 4 œufs
* 2 grappes de fleurs de robinier
* 2 c. à soupe rases de sucre glace + un peu pour saupoudrer à la fin (facultatif)
* 1 petit verre de lait végétal
* 250 g de fraises
* Éventuellement un peu d'huile d'olive pour la poêle

**Préparation : 10 minutes**

**Cuisson : environ 5 minutes**

### Zoom sur le robinier faux-acacia *(Robinia pseudoacacia)*

Arbre importé d'Amérique du Nord présent dans toute la France.
**Floraison :** de mai à juin.
**Symbolique :** amour platonique.
**Saveur :** douce et fine, parfum délicat et fleuri.
**Vertus :** tonique et adoucissant (maux de tête, digestion).
**En cuisine :** se déguste en beignets, parfume les crèmes dessert, les œufs
À ne pas confondre avec les fleurs du cytise *(Cytisus laburnum)*, très toxiques, mais qui sont jaunes.

▶ Secouez légèrement les grappes de fleurs pour faire tomber les poussières et les insectes. Passez-les sous l'eau. Égouttez sur du papier absorbant avant de détacher les fleurs.

▶ Lavez les fraises, équeutez-les et coupez-les en morceaux selon leur taille. Réservez dans un bol.

▶ Fouettez les œufs dans un saladier (à la fourchette de préférence). Ajoutez le sucre, puis le lait végétal.

▶ Versez les œufs dans une poêle chaude et huilée et laissez cuire à feu modéré.

▶ On obtient l'omelette moelleuse et texturée au bon goût d'œuf.

▶ Servez immédiatement en ajoutant les fraises et les fleurs d'acacia.

*Découvrez aussi la recette de Crème aux œufs aux fleurs d'acacia, page 94.*

Desserts 93

**DESSERTS**

# Crème aux œufs aux fleurs d'acacia

La recette de crème aux œufs et au caramel est ici revisitée tout en douceur et délicatement parfumée grâce aux fleurs odorantes du robinier. Un dessert simple et tout doux qui pourrait bien devenir la Madeleine de vos enfants lorsqu'ils auront grandi.

**Pour 4 personnes :**
* 2 ou 3 grappes de fleur de robinier
* 500 ml de lait de soja vanillé
* 60 g de sucre
* 4 œufs
* 1 pincée de sel

**Préparation : 20 minutes**

**Cuisson : 60 minutes**

▶ Rincez les fleurs en les passant sous l'eau. Détachez ensuite les inflorescences de la tige.

▶ Faites chauffer le lait. Une fois chaud, ajoutez les fleurs, coupez le feu et laissez infuser à couvert pendant 20 minutes.

▶ Dans un saladier, fouettez les œufs avec le sucre et le sel, sans excès.

▶ Filtrez le lait et ajoutez-le en mélangeant doucement au fouet.

▶ Si la préparation est mousseuse, filtrez-la.

▶ Versez dans des ramequins individuels.

▶ Faites cuire au bain-marie pendant 30 à 40 minutes à 150 °C.

▶ Sortez les crèmes et laissez refroidir avant de déguster.

*Découvrez aussi le zoom sur le robinier faux-acacia et la recette de l'Omelette aux fraises et fleurs d'acacia, page 92.*

Desserts

DESSERTS

# Pain perdu à la rose

Ici, on triche un peu en utilisant un sirop de rose afin d'obtenir une saveur vraiment intense tout en sucrant. Cette recette express permet de recycler un pain ou une brioche un peu rassis, tout en offrant un dessert ou un goûter exceptionnel.

**Pour 2 personnes :**
- 4 tranches de brioche (éventuellement un peu rassies)
- 2 œufs
- 100 ml de lait
- 2 belles roses
- 2 c. à soupe de sirop de rose
- 1 c. à soupe de sucre glace
- Quelques baies de goji
- Un peu d'huile pour la cuisson

**Temps de préparation : 10 minutes**

**Temps de cuisson : 10 minutes**

### Zoom sur... la rose *(Rosa spp)*

Arbuste présent dans les jardins (l'églantier est une rose à l'état sauvage).
**Floraison :** de mai à octobre.
**Symbolique :** amour (variant selon les couleurs), suivre son amour partout (roses sauvages).
**Saveur :** variable, floral, saveur de fruits, épices, bois, pommes…
**Vertus :** astringente.
**En cuisine :** salades, desserts, entremets.

▸ Fouettez ensemble les œufs, le lait et le sirop de rose.

▸ Déposez cette préparation dans une assiette creuse.

▸ Trempez les tranches de brioche pour les imbiber légèrement des deux côtés.

▸ Faites-les cuire dans une poêle huilée sur les deux faces jusqu'à ce qu'elles soient bien dorées.

▸ Détachez les pétales de roses et disposez-les dans les assiettes pour décorer (et les croquer).

▸ Saupoudrez d'un peu de sucre glace et ajoutez quelques baies de goji.

*Découvrez aussi la recette Perles du Japon à la rose, page 96.*

Desserts 97

**DESSERTS**

# Perles du Japon à la rose

Cet entremets très rapide à préparer vous transportera immédiatement dans un conte des mille et une nuits. Vous pouvez remplacer le sirop d'agave par un sirop de fleur de rose qui apportera un parfum plus entêtant.

**Pour 4 personnes :**
- 800 à 900 ml de lait de riz ou autre
- 4 belles roses parfumées
- 50 g de perles du Japon (tapioca)
- 80 ml de sirop d'agave
- 1 c. à café rase d'agar-agar (facultatif)

**Préparation : 15 minutes**

**Infusion : 20 minutes**

**Réfrigération : 1 à 2 h**

**Cuisson : 20 minutes**

◗ Faites chauffer le lait doucement. Une fois qu'il est chaud, coupez le feu, ajoutez les pétales de roses et laissez infuser à couvert pendant 20 minutes. Filtrez ou enlevez les pétales à l'aide d'une écumoire.

◗ Faites chauffer le lait de nouveau, ajoutez le sirop d'agave et les perles du Japon. Laissez cuire à feu doux pendant 15 à 20 minutes. Pour une texture plus ferme, ajoutez l'agar-agar 1 minute avant la fin de cuisson et mélangez bien au fouet.

◗ Versez dans des ramequins, et placez au frais après refroidissement.

◗ Au moment de servir (bien frais), ajoutez des pétales de roses.

*Découvrez aussi le zoom sur la rose et la recette de Pain perdu à la rose, page 96.*

Desserts

**DESSERTS**

# Clafoutis aux roses trémières

La saveur des roses trémières est peu marquée, mais les mucilages qu'elles contiennent (comme les mauves qui appartiennent à la même famille) apportent du moelleux et du liant à ce clafoutis sans gluten.

**Pour 6 personnes :**
* 300 g de cerises
* 5 à 8 fleurs de rose trémière
* ¼ litre de lait
* 80 g de sucre
* 1 pincée de vanille en poudre ou une gousse de vanille
* 60 g de farine de riz
* 4 œufs
* 1 pincée de sel
* 3 c. à soupe d'huile d'olive (ou beurre fondu)
* Un peu de sucre glace

**Préparation : 10 minutes**

**Cuisson : 20 minutes**

### Zoom sur la rose trémière *(Alcea rosae)*

Plante typique des bords de mer (Atlantique) originaire d'Asie occidentale, cultivée dans les jardins, taillis, haies.
**Floraison :** de juin à septembre.
**Symbolique :** fertilité.
**Saveur :** douce.
**Vertus :** action adoucissante (toux, irritation de la peau), transit intestinal.
**En cuisine :** convient aux préparations crues (ciselée en salade, fromage blanc...) ou cuites (soupes, terrines, omelettes...).

▸ Lavez les cerises et les fleurs.

▸ Ôtez le pédoncule des fleurs et ciselez grossièrement les pétales.

▸ Préchauffez le four à 160 °C.

▸ Dans un blender ou à l'aide d'un fouet, faites blanchir les œufs avec le sucre. Ajoutez la vanille en poudre (si vous utilisez une gousse, fendez-la et grattez les graines avec la pointe d'un couteau). Ajoutez le lait, la pincée de sel, l'huile d'olive ou le beurre fondu, puis la farine tamisée.

▸ Graissez un moule avec un peu d'huile d'olive. Versez la préparation liquide dedans. Disposez les fleurs et les cerises.

▸ Enfournez pour 20 minutes.

▸ Sortez du four. Laissez refroidir complètement avant de déguster. Saupoudrez un peu de sucre glace pour décorer.

Desserts
101

DESSERTS

# Mousse au chocolat *flower power*

Pour cette mousse, j'ai utilisé un mélange de fleurs séchées contenant des soucis et des capucines. Ces dernières apportent un côté piquant, poivré, irrésistible. Vous pouvez faire sécher vos propres récoltes et réaliser ce mélange.

**Pour 6 personnes :**
- 250 g de chocolat 100 % cacao
- 6 blancs d'œufs
- 4 jaunes
- Quelques gouttes de jus de citron
- 100 ml de café corsé
- 50 g de sucre complet
- 3 c. à soupe bombées de fleurs de soucis et de capucine séchées + quelques-unes pour la déco
- + 1 pincée de poivre ou de piment d'Espelette

**Préparation : 15 minutes**

**Cuisson : 5 minutes**

**Réfrigération : 4 heures à 1 nuit**

▶ Faites fondre le chocolat avec le café au bain-marie.

▶ Clarifiez les œufs (séparez le blanc des jaunes).

▶ Montez les blancs en neige. Un peu avant la fin, ajoutez le sucre et quelques gouttes de jus de citron pour une meilleure fermeté.

▶ Ajoutez les jaunes d'œufs au chocolat.

▶ Incorporez une petite louche de blancs au chocolat pour détendre la préparation.

▶ Incorporez maintenant délicatement le reste des blancs au chocolat, à l'aide d'une spatule.

▶ Ajoutez les fleurs séchées en plusieurs fois.

▶ Répartissez la préparation dans des ramequins individuels ou dans un saladier.

▶ Saupoudrez de pétales de fleurs.

▶ Couvrez et placez au frais au minimum 4 heures, idéalement jusqu'au lendemain.

*Découvrez aussi le zoom sur le souci et la recette de Sauce douce aux soucis, page 22.*

Desserts

DESSERTS

# Fromage blanc au sureau et au miel

Voici une idée simplissime pour profiter du parfum des fleurs fraîches de sureau. L'accord avec le miel est très réussi et envoûtant. Soignez la récolte et évitez de secouer les fleurs afin de ne pas disperser le pollen et de préserver son parfum délicat.

**Pour 2 à 3 personnes :**
- 300 g de fromage blanc
- 4 corolles de sureau
- 2 grosses c. à soupe de miel liquide (miel d'acacia)

**Préparation :** 5 minutes

**Cuisson :** aucune

### Zoom sur... le sureau *(Sambucus nigra)*

Présent dans toute la France, haies, jardins.
**Floraison :** de mai à juin.
**Symbolique :** bonté.
**Saveur :** florale, sucrée, parfum entêtant, plus agréable fraîche que sèche.
**Vertus :** agit sur la fièvre, les irritations buccales et les infections respiratoires ; propriétés diurétiques, laxatives, antirhumatismales,
**En cuisine :** parfume yaourts, fromages, soupes de légumes ou encore sorbets, glaces et boissons. Réalisez des beignets, des tartes sucrées ou salées avec les fleurs de sureau. Une fois à maturité, elles se détacheront d'elles-mêmes lorsque vous secouerez légèrement l'ombelle.
**Ne pas confondre avec le sureau hyèble qui est une herbacée et ne forme pas de bois.**

▸ Déposez les fleurs sur le plan de travail et laissez le temps aux petites bêtes de s'échapper. Ne les passez pas sous l'eau. Secouez ensuite délicatement au-dessus d'une assiette afin de récupérer les petites fleurs et le pollen.

▸ Servez le fromage très frais parsemé de fleurs de sureau.

▸ Ajoutez un filet de miel.

*Découvrez aussi la recette de Consommé de betterave au vin blanc et sureau, page 38.*

Desserts 105

**DESSERTS**

# Aspic de trèfle

Ces petites friandises nous rappellent que la cuisine est un jeu qui se renouvelle sans cesse. Vous pouvez placer ces aspics au congélateur. Vous les consommerez comme des glaces. Pour cela, utilisez un bac à glaçons et enfoncez des petits bâtons pour la dégustation. Ajoutez toutes sortes de petites fleurs : violettes, bourrache, acacia...

**Pour l'équivalent d'un bac à glaçons.**
- 100 ml d'eau de source
- 50 ml de sirop d'agave ou de miel d'acacia
- 1 g d'agar-agar
- 20 fleurs de trèfle et autres petites fleurs

**Préparation : 5 minutes**

**Cuisson : 1 minute**

**Réfrigération : 1 heure minimum**

### Zoom sur... le trèfle rouge ou trèfle des prés *(Trifilium pratense)*

Présent dans toute la France, dans les pâturages et les prés.
**Floraison :** de mai à septembre.
**Symbolique :** zèle, incertitude, volonté de savoir
**Saveur :** assez neutre, légèrement sucrée grâce au pollen.
**Vertus :** élimine les toxines, stimule la sécrétion de bile.
**En cuisine :** petites fleurs décoratives dans les salades.

▸ Récoltez les fleurs contenant du nectar. Pour cela, n'hésitez pas à goûter. Si les butineurs sont passés avant vous, les fleurs, sans leur nectar, n'auront plus qu'un intérêt décoratif.

▸ Dans une casserole, mélangez l'eau, le sirop ou le miel et l'agar-agar à l'aide d'un fouet.

▸ Mettez sur le feu et comptez 1 minute après les premiers frémissements.

▸ Dispersez les fleurs dans les moules. Utilisez soit des moules de petite taille, soit des moules à glaçons si vous voulez préparer des glaces à l'eau.

▸ Versez la préparation liquide.

▸ Placez au frais ou au congélateur pendant au moins 1 heure avant de suçoter ces petits bonbons.

*Découvrez aussi les recettes de Salade de la chance 100 % sauvage, page 58, Jus vert aux plantes et fleurs sauvages, page 114.*

Desserts 107

**DESSERTS**

# Entremets avocat, goji et violette

L'avocat en dessert est un pur régal. Dans certains pays, on trouve depuis longtemps que le meilleur accord pour l'avocat est le sucre et non la vinaigrette (l'avocat étant déjà gras). Alors avec le parfum des violettes, imaginez…

**Pour 2 personnes :**
- 2 avocats
- Quelques gouttes de jus de citron
- 4 c. à soupe de sirop de violettes ou de sirop d'agave ou de miel d'acacia
- Des violettes odorantes
- Quelques baies de goji

**Préparation : 15 minutes**

**Cuisson : aucune**

▶ Prélevez la chair des avocats. Mixez-la finement avec le sirop de violette, le sirop d'agave ou le miel et quelques gouttes de jus de citron.

▶ Versez dans les verrines.

▶ Lavez et rincez les fleurs.

▶ Ajoutez les fleurs et les baies de goji.

▶ Dégustez immédiatement ou placez au frais.

*Découvrez aussi le zoom sur la violette, page 78, et les recettes de Maquereaux et purée de pois aux violettes, page 78, et Glaçons fleuris, page 124*

Desserts 109

# Boissons et petites choses

~ Sirop de coquelicot
~ Jus vert aux plantes et fleurs sauvages
~ Beurre de bleuet
~ Petits pots de crème cajou à la cardamine
~ Boutons de pissenlits lactofermentés
~ Limonade à la reine-des-prés
~ Glaçons fleuris

BOISSONS...

# Sirop de coquelicot

Cette infusion de pétales de coquelicots pourra accompagner toutes sortes de salades de fruits, aromatiser des boissons ou des yaourts. On obtient un sirop léger, précieux grâce aux vertus calmantes du coquelicot.

**Pour 250 ml de sirop :**
* Les pétales de 20 à 30 coquelicots
* Le jus de 2 citrons
* 50 g de sucre
* 300 ml d'eau de source

**Préparation :** 10 minutes

**Cuisson :** 10 minutes

**Infusion :** 3 heures environ

**Conservation :** 1 semaine à 10 jours au frais

▶ Faites chauffer l'eau avec le sucre jusqu'à dissolution.

▶ Ajoutez alors la moitié des coquelicots et le jus de citron. Laissez frémir pendant 10 minutes. Arrêtez la cuisson.

▶ Ajoutez le reste des coquelicots et laissez refroidir (environ 3 heures). Filtrez. Mettez en pot.

### Zoom sur... le coquelicot *(Papaver rhoeas)*

Présent dans presque toute la France, dans les champs, sur les bords des chemins.
**Floraison :** de mai à septembre.
**Symbolique :** consolation, fragilité.
**Saveur :** peu de saveur, surtout intéressant sur un plan thérapeutique.
**Vertus :** apaisant, calmant, expectorant.
**En cuisine :** les fleurs sont décoratives, colorent les plats et les sauces. Les graines agrémentent les pains, gâteaux, salades... Les jeunes rosettes sont délicieuses cuites comme légume ou en soupe. Attention à la surconsommation des pétales qui peuvent se révéler addictifs et hypnotiques.

Boissons et petites choses 113

BOISSONS...

# Jus vert aux plantes et fleurs sauvages

Lorsque vous irez récolter des fleurs sauvages dans la nature, vous trouverez également des plantes et de jeunes pousses riches en minéraux. Faites donc une petite cure de jus et profitez des propriétés détoxifiantes du trèfle.

**Pour 2 ou 3 personnes :**
- Les fanes d'une demi-botte de radis
- Quelques feuilles sauvages de printemps : pointes d'ortie, ail des ours, pissenlit, lierre terrestre[2]...
- Quelques fleurs riches en nectar : trèfles, sureau...
- Le jus d'un demi-citron
- 150 g de concombre épluché
- 1 demi-pomme épluchée
- 3 c. à soupe d'huile (olive, cameline)
- Un peu d'eau ou d'eau de coco (pour fluidifier)

**Préparation : 10 minutes**

**Cuisson : aucune**

### Variantes
- Concombre, ½ mangue, rose, coquelicot, eau de coco.
- Pomme, concombre, céleri branche, cardamine, eau.
- Fanes de navet, melon d'eau, persil, capucine, eau.

▶ Lavez l'ensemble des ingrédients et coupez-les en morceaux ou ciselez-les.

▶ Dans le bol du blender, versez d'abord les liquides, puis le reste des ingrédients. Mixez et dégustez.

*Découvrez aussi les recettes de l'Aspic de trèfle, page 106, Salade de la chance 100 % sauvage, page 58.*

---

2. Voir *Je cuisine les plantes sauvages* des mêmes auteurs, éditions Terre Vivante.

Boissons et petites choses

BOISSONS...

# Beurre de bleuet

Les pétales de bleuet apportent ici une touche décorative. Ce beurre légèrement sucré et gourmand s'utilisera au petit déjeuner sur vos tartines. Afin de profiter des puissants antioxydants du bleuet, n'hésitez pas à saupoudrer généreusement vos salades de légumes ou de fruits de ses pétales au bleu intense.

**Pour 100 g de beurre :**
* 100 g de beurre cru
* 20 fleurs de bleuet séchées
* 1 grosse c. à soupe de miel non liquide (facultatif)

**Préparation : 5 minutes**

**Cuisson : aucune**

▶ Sortez le beurre un peu avant et coupez-le en dés.

▶ Détachez les pétales des calices.

▶ Travaillez le beurre en pommade avec le miel et les pétales de bleuet.

▶ Remplissez des ramequins et réservez au frais.

▶ Ce beurre fleuri se conserve plusieurs jours au réfrigérateur.

### Zoom sur... le bleuet *(Centaurea cyanus)*

Présent dans presque toute la France, cultivé dans les jardins, rarement sauvage, hormis dans les zones préservées et en basse montagne.
**Floraison :** de juin à septembre.
**Symbolique :** délicatesse, pureté, timidité.
**Saveur :** légère, tout comme son parfum.
**Vertus :** digestif, rhumatisme (infusions)
**En cuisine :** les pétales s'utilisent frais ou secs dans les tisanes. Très décoratifs dans les salades, les glaces, les entremets.

*Découvrez aussi la recette de Fromage vegan au tournesol et au bleuet, page 34.*

Boissons et petites choses

BOISSONS...

# Petits pots de crème cajou à la cardamine

L'association du piquant et de la légère amertume de la cardamine et de l'orange apporte à ces petites tartinades une note orientale assez étonnante. À proposer à l'apéritif ou en petit pot individuel lors d'un repas pour accompagner une assiette composée. Jouez sur la dose de lait et de jus d'orange pour obtenir la consistance et l'équilibre gustatif désirés.

**Pour 1 petit bol :**
* 150 g de noix de cajou
* Une quinzaine d'inflorescences de cardamine des prés
* Le jus d'une demi-orange environ
* 150 à 200 ml de lait de soja
* Sel

**Préparation : 5 minutes**

**Temps de trempage : 12 heures**

▸ Faites tremper les noix de cajou dans un bol d'eau pendant 12 heures.

▸ Rincez-les dans une passoire.

▸ Rincez les inflorescences dans l'eau, puis détachez les fleurs. Réservez-en quelques-unes pour la décoration.

▸ Dans le bol d'un robot, mixez les noix avec le jus d'orange, le sel, le lait de soja et les fleurs. Ajustez le volume de lait pour arriver à la consistance d'un « beurre » onctueux.

▸ Réservez au frais avant de servir.

*Découvrez aussi le zoom sur la cardamine et la recette d'Œufs mimosas à la cardamine, page 26.*

Boissons et petites choses

BOISSONS...

# Boutons de pissenlits lactofermentés

La lactofermentation vous permettra de conserver les boutons floraux pendant plusieurs années. Ce principe peut être décliné, avec n'importe quelles fleurs, notamment avec les bourgeons de capucines et de mauves. À utiliser dans des salades ou pour accompagner des viandes froides ou des sandwichs.

**Pour 2 personnes :**
* 1 bol de boutons de pissenlits
* 10 g de gros sel de mer
* 300 ml d'eau de source (non chlorée)
* Aromates : feuille de laurier, grains de poivre, estragon...
* Au choix : une feuille de chou, des rondelles d'oignon ou de navet pour tasser le contenu du bocal

**Préparation : 10 minutes**

**Fermentation : 2 à 3 semaines**

**Conservation avant ouverture : jusqu'à 3 ans**

### Zoom sur... le pissenlit (*Taraxacum officinale* et *Taraxacum dens leonis*)

Dans toute la France (prairies, jardins).
**Floraison :** de février à juin.
**Symbolique :** oracle.
**Saveur :** sucrée et amère.
**Vertus :** dépuratif, diurétique, digestion.
**En cuisine :** feuilles et fleurs se cuisinent crues et cuites.

*Découvrez aussi la recette de Billes de fromage aux noix et au pissenlit, page 20.*

▶ Faites dissoudre le sel dans l'eau.

▶ Rincez les boutons sous l'eau claire avant de remplir un bocal.

▶ Versez l'eau salée dans le bocal, mais pas jusqu'en haut. Gardez 1 à 2 cm libres, car le volume augmente pendant la fermentation.

▶ Si les boutons ne sont pas tous immergés, ajoutez sur le dessus une feuille de chou, des rondelles d'oignons, de navet.

▶ Fermez hermétiquement et laissez à température ambiante.

▶ La fermentation débute après 24 à 48 heures. L'eau peut se troubler et le contenu déborder, c'est normal. Si les boutons n'ont pas tous été immergés complètement, des moisissures peuvent apparaître après ouverture. Elles ne sont pas toxiques, bien que non désirées. L'astuce de la feuille de chou permet d'éviter cela. On jette la feuille de chou dès la première ouverture.

Boissons et petites choses

BOISSONS...

# Limonade à la reine-des-prés

Voici une boisson rafraîchissante et parfaitement aromatisée, à déguster à l'ombre d'un arbre.

**Pour 1 litre :**
* 1 bol de fleurs de reine-des-prés
* 1 citron
* 3 c. à soupe de miel d'acacia
* 1 litre d'eau de source

**Préparation : 5 minutes**

**Réfrigération : 1 nuit**

### Zoom sur... la reine-des-prés *(Filipendula ulmaria)*

Plante à fleurs présente dans presque toute la France (prairies humides, marais).
**Floraison :** de mai à août.
**Symbolique :** pas de données.
**Saveur :** légèrement anisée et sucrée, rappelant l'amande et le miel.
**Vertus :** diurétique, antiseptique, antalgique.
**En cuisine :** fraîche ou séchée et pulvérisée, dans les soupes, fromages, desserts de fruits, glaces, boissons.
Déconseillée aux femmes enceintes du fait de la présence d'aspirine.

▶ Posez les ombelles de reine-des-prés sur le plan de travail pour laisser les éventuels insectes s'échapper.

▶ Secouez les ombelles sur une assiette pour récupérer les petites fleurs (environ un petit bol).

▶ Pressez le citron.

▶ Versez tous les ingrédients dans un bocal et placez au frais pendant 1 nuit.

▶ Filtrez à l'aide d'une passoire fine et versez dans une bouteille.

▶ Dégustez bien frais.

Découvrez aussi la recette de Brioche royale aux figues et à la reine-des-prés, page 90.

Boissons et petites choses

**BOISSONS...**

# Glaçons fleuris

Vous ne pourrez plus vous passer de ces compositions florales glacées. Utilisez toutes sortes de petites fleurs décoratives ou odorantes. Mariez les couleurs. Ajoutez un peu de sirop d'agave ou de miel pour des glaçons sucrés qui se transformeront en mini-glaces à l'eau dont vos enfants raffoleront.

**Pour une trentaine de glaçons :**
* Un bol de petites fleurs (violettes odorantes, bourrache, glycine, lilas…)
* Eau de source

**Préparation : 10 minutes**

**Cuisson : aucune**

▸ Rincez les fleurs à l'eau claire. Faites-les éventuellement tremper dans une eau vinaigrée une dizaine de minutes. Répartissez les fleurs dans les compartiments d'un bac à glaçons. Selon vos goûts ou l'utilisation que vous souhaitez en faire, ajoutez un peu de jus de citron ou d'un trait de sirop d'agave ou de miel d'acacia.

▸ Placez au congélateur.

▸ Sortez vos glaçons pour rafraîchir une orangeade, un sirop, un thé glacé ou, pourquoi pas, un gaspacho.

*Découvrez aussi les recettes*
*Entremets avocat, goji et violette, page 108,*
*Maquereaux et purée de pois*
*aux violettes, page 78.*

Boissons et petites choses

ANNEXES

# Annexes

- Bibliographie
- Carnet d'adresses
- Index

# Bibliographie

- *Guide des fleurs sauvages*, Delachaux et niestlé, 7e édition revue et corrigée.
- *Saveurs, Senteurs, Couleurs*, Alice Caron Lambert, Solar.
- *Cueillettes sauvages sans risque*. Sylvie Hampikian, Terre Vivante
- *Guide panoramique des fleurs sauvages*, Jean Denis Godet, Delachaux et Niestlé.
- *Sauvages et comestibles*, Marie-Claude Paume, Edisud.
- *Ni cru ni cuit*, Marie-Claire Frédérique, Alma éditeur.

# Carnet d'adresses

### Les fleurs séchées
- L'herbier de France/Arcadie : www.arcadie.fr
- Le Jardin des Simples à Vançay (79) : lejardindessimples.blogspot.fr
- Herbaria : www.herbaria.com (spécial cuisine)

### Les sirops de fleurs
- Maison Meneau : www.meneau.com

### Les fleurs fraîches
- Marius Auda : www.mariusauda.fr

### Les fleurs en huiles essentielles
- www.pranarom.com
- www.aroma-zone.com
- www.mandriolu.com
- www.casavecchiacorsa.fr
- www.asterale.com

### Les graines à semer
- Ferme de Sainte-Marthe : www.fermedesaintemarthe.com
- Kokopelli : kokopelli-semences.fr
- Biau Germe : www.biaugerme.com

### Les fleurs en cristaux d'huiles essentielles
- Florrisens : www.cristauxdhuilesessentielles.com

# Index

## A
**Acacia 92**
   Crème aux œufs aux fleurs d'acacia 94
   Omelette aux fraises et fleurs d'acacia 92
**Ail à trois angles 46**
   Salade de laitue de mer sautée à l'ail à trois angles 46
**Ail des ours 40**
   Bouillon miso aux champignons et à l'ail des ours 40
   Soupe de boulettes aux boutons floraux d'ail des ours 42
Asperges blanches au lilas 30
Aspic de trèfle 106

## B
Beignets de fleurs de glycine à la bière blanche 82
Beurre de bleuet 116
Billes de fromage aux noix et au pissenlit 20
**Bleuet 116**
   Beurre de bleuet 116
   Fromage vegan au tournesol et au bleuet 34
Bouillon miso aux champignons et à l'ail des ours 40
Bourgeons d'hémérocalles à la japonaise 32
Boutons de pissenlits lactofermentés 120
Brioche royale aux figues et à la reine-des-prés 90

## C
**Capucine 44**
   Gaspacho à la capucine 44
   Mousse au chocolat flower power 102
   Risotto aux fleurs de capucines et de courgettes 62
**Cardamine 26**
   Œufs mimosas à la cardamine 26
   Petits pots de crème cajou à la cardamine 118
Carpaccio de champignons à la moutarde 52
Clafoutis aux roses trémières 100
Cocotte de moules à l'immortelle 66
Consommé de betterave au vin blanc et au sureau 38
**Coquelicot 112**
   Sirop de coquelicot 112
**Coucou 86**
   Riz au lait aux primevères 88
   Soupe glacée aux pommes et au coucou 86
**Courgette 64**
   Raïta à la courgette 24
   Risotto aux fleurs de capucines et de courgettes 62
   Spaghettis en duo aux fleurs de courgettes 64
Crème aux œufs aux fleurs d'acacia 94
Curry de légumes onctueux à l'immortelle 68

## E
Endives braisées au kasha et à la moutarde 74
Entremets avocat, goji et violette 108

## F
Fromage blanc au sureau et au miel 104
Fromage vegan au tournesol et au bleuet 34

## G
Gaspacho à la capucine 44
Gelée de lait au lilas 84
Glaçons fleuris 124
**Glycine 48**
   Beignets de fleurs de glycine à la bière blanche 82
   Salade de céleri branche, pomme, estragon et fleurs de glycine 48

## H
**Hémérocalle 50**
   Bourgeons d'hémérocalles à la japonaise 32
   Salade de melon aux fleurs d'hémérocalles 50

## I
**Immortelle 68**
   Cocotte de moules à l'immortelle 66
   Curry de légumes onctueux à l'immortelle 68

## J
Jus vert aux plantes et fleurs sauvages 114

## L

**Lavande 72**
- Légumes farcis au tofu mariné à la lavande 72
- Rôti de porc aux pêches et à la lavande 70
- Légumes farcis au tofu mariné à la lavande 72

**Lilas 30**
- Asperges blanches au lilas 30
- Gelée de lait au lilas 84
- Sirop de lilas allégé en sucre 17
- Limonade à la reine-des-prés 122

## M

Maquereaux et purée de pois aux violettes 78
Mousse au chocolat flower power 102
**Moutarde 74**
- Carpaccio de champignons à la moutarde 52
- Endives braisées au kasha e à la moutarde 74

## O

Omelette aux fraises et fleurs d'acacia 92
**Ornithogale 28**
- Taboulé printanier aux ornithogales 54
- Toasts de truite fumée et ornithogales 28

## P

Pain perdu à la rose 96
**Pâquerette 76**
- Salade de la chance 100 % sauvage 58
- Salade de navets aux pâquerettes 56
Perles du Japon à la rose 98
Petits pots de crème cajou à la cardamine 118
**Pissenlit 120**
- Billes de fromage aux noix et au pissenlit 20
- Boutons de pissenlits lactofermentés 120
**Primevère 86**
- Riz au lait aux primevères 88

## R

Raïta à la courgette 24
**Reine-des-prés 122**
- Brioche royale aux figues et à la reine-des-prés 90
- Limonade à la reine-des-prés 122

Risotto aux fleurs de capucines et de courgettes 62
Riz au lait aux primevères 88
**Rose 96**
- Pain perdu à la rose 96
- Perles du Japon à la rose 98
- Salade de la chance 100 % sauvage 58
**Rose trémière 100**
- Clafoutis aux roses trémières 100
Rôti de porc aux pêches et à la lavande 70

## S

Salade acidulée et fleurs de glycine 48
Salade de la chance 100 % sauvage 58
Salade de laitue de mer sautée à l'ail à trois angles 46
Salade de melon aux fleurs d'hémérocalles 50
Salade de navets aux pâquerettes 56
Sauce douce aux soucis 22
Sirop de coquelicot 112
Sirop de lilas allégé en sucre 17
**Souci 22**
- Mousse au chocolat flower power 102
- Sauce douce aux soucis 22
Soupe de boulettes aux boutons floraux d'ail des ours 42
Soupe glacée aux pommes et au coucou 86
Spaghettis en duo aux fleurs de courgettes 64
**Sureau 104**
- Consommé de betterave au vin blanc et au sureau 38
- Fromage blanc au sureau et au miel 104

## T

Taboulé printanier aux ornithogales 54
Toasts de truite fumée et ornithogales 28
**Trèfle 106**
- Aspic de trèfle 106
- Salade de la chance 100 % sauvage 58

## V

**Violette 78**
- Entremets avocat, goji et violette 108
- Maquereaux et purée de pois aux violettes 78
- Salade de la chance 100 % sauvage 58

# Terre vivante
## l'éditeur de l'écologie pratique

**1979** Terre vivante voit le jour
Des militants de l'écologie fondent à Paris Terre vivante, pour proposer des solutions au quotidien.

**1980** naissance des *4 Saisons du jardin bio*
C'est le premier magazine de jardinage bio en France.

**1982** publication du premier livre
La petite équipe se lance dans l'édition de livres pratiques : jardinage bio, alimentation saine, habitat écologique, bien-être/santé…

**1994** création d'un Centre écologique
Pourquoi ne pas montrer, grandeur nature, ce que *Les 4 Saisons* et les livres décrivent ? Le Centre Terre vivante ouvre ses portes à Mens (38), au pied du Vercors.

**Aujourd'hui** une Scop
Le catalogue de ses livres compte environ 140 titres, le magazine *Les 4 Saisons* a trouvé sa place en kiosque et Terre vivante est devenue une Scop, entreprise coopérative.

Scop Terre vivante
Domaine de Raud
38710 MENS
www.terrevivante.org

**Déjà parus aux éditions Terre vivante**

◗ **Je cuisine les plantes sauvages**
*50 recettes pour accommoder mes cueillettes*
Amandine Geers et Olivier Degorce

◗ **Je cuisine les fanes**
Amandine Geers et Olivier Degorce

◗ **Je cuisine les herbes aromatiques**
Amandine Geers et Olivier Degorce

◗ **Je mange «paléo» (ou presque !)**
*50 recettes sans gluten, lactose, ni sucre*
Amandine Geers et Olivier Degorce

◗ **Aujourd'hui, je cuisine végétarien !**
*Recettes équilibrées, économiques et faciles*
Claude Aubert, Amandine Geers et Olivier Degorce

◗ **Mes recettes détox super-gourmandes**
Marie Chioca et Dr Guy Avril

◗ **Cuisinez les légumes de la tête aux pieds !**
*Rien ne se jette, tout se déguste*
Associations Côté Jardins

◗ **Des aliments aux mille vertus**
*Cuisiner les aliments fermentés*
Claude Aubert et Jean-James Garreau

◗ **Intolérances alimentaires, sensibilités, allergies**
*Comprendre (et vivre avec !)*
Florence Arnaud et Véronique Chazot

◗ **250 remèdes naturels à faire soi-même**
*Teintures-mères, macérats, baumes, lotions, sirops, tisanes...*
Dr Claudine Luu, préface Jean-Marie Pelt

> Découvrez les autres titres publiés par Terre vivante sur l'habitat sain, le jardinage biologique, le bien-être et l'alimentation, l'écologie pratique au quotidien sur
**www.terrevivante.org**

**Terre vivante**
Domaine de Raud
38710 Mens
04 76 34 80 80

www.terrevivante.org

Achevé d'imprimer en France
par Chirat (Saint-Just-la-Pendue)
N° 201603.0147 - Dépôt légal : avril 2016